우화로 배우는 여섯가지 성공비밀

우화로 배우는 여섯가지 성공비밀

2009년 7월 20일 초판 1쇄 인쇄
2009년 7월 30일 초판 1쇄 발행

지은이 | 곽종운
펴낸이 | 이종춘
펴낸곳 | BM 성안당
주 소 | 경기도 파주시 교하읍 문발리 출판문화정보산업단지 536-3
전 화 | 031-955-0511
팩 스 | 031-955-0510
등 록 | 1973. 2. 1. 제13-12호
홈페이지 | www.cyber.co.kr
수신자부담 전화 | 080-544-0511

ISBN 978-89-315-7408-1   03320
정가 9,800원

이 책을 만든 사람들
기획 · 진행 | 홍현정
교정 · 교열 | 윤현식
일러스트 | 추덕영
표지 디자인 | 손예진
본문 디자인 | 나미진
홍보 | 박재언
제작 | 구본철

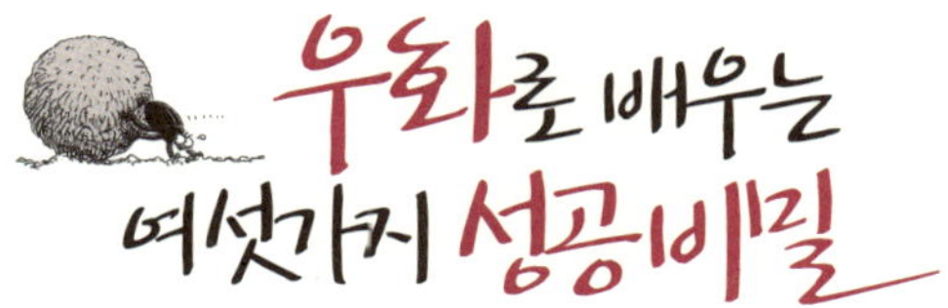

우화로 배우는 여섯가지 성공비밀

곽종운 지음

BM 성안당

좋아하는 일을 선택하면
하루살이 인생은 되지 않는다

공자의 말이다. 대부분의 사람은 자신이 좋아하는 일을 할 때 집중을 더 잘한다. 좋아하는 일을 하는 사람이 그 분야에서 성공할 가능성이 그렇지 않은 사람보다 높다. 이 책에는 여섯 가지 이야기가 등장한다. 각 이야기의 주인공인 쇠똥구리, 벼룩, 개미, 펭귄, 개구리, 솔개는 각각 그들이 좋아하는 일을 하면서 성공하는 삶의 모습을 보여준다.

쇠똥구리는 수없는 실패의 반복을 통해 멋진 물구나무서기를 배우고 최고의 경단제조기술을 보유하기까지의 모습을 보여주고, 벼룩은 할 수 있다는 자신감으로 끊임없이 노력한 결과 최고의 점프실력을 선보인다. 개미는 자기 몸보다 몇 배는 더 무거운 짐을 나르며 열정적으로 일하는 모습을 펭귄, 개구리, 솔개도 각자 자기의 자리에서 최선을 다하여 최고가 되는 모습을 보여준다.

이들의 공통점은 가장 잘하는 일을 계속할 때 좋은 아이디어가 쏟아져 나왔고, 불굴의 의지로 그 아이디어를 발전시켜 성공에 다다를 수 있었다는 것이다. 비록 동물의 이야기지만, 우리들 삶의 이야기에 비추어 보면 배울 점이 많다. 우리는 오늘도 창조주가 만든 자연과 사물로부터 삶의 원리를 배우고 있다. 자연은 모든 것이 배움의 대상이다.

여섯 가지 우화를 통해 삶에 대한 도전 정신을 배우는 창조적 동기부여가 되기를 바란다. 또한 여러분 각자가 고도의 삶의 기술을 터득하는 계기가 되기를 간절히 바란다. 이 책을 읽고 각 장마다 30분 정도 생각하는 시간을 가질 수 있다면 그것으로 당신의 삶도 업그레이드될 준비가 된 것이다. 아마도 이야기 말미에 요약 정리되어 있는 〈인생 성공 비밀〉이라는 체크 포인트를 잘 활용하면 도움이 될 것이다.

성공은 가만히 있는 나에게 먼저 걸어오지 않는다. 진정 성공을 바란다면 자신이 먼저 성공을 향해 걸어가야 한다. 나는 무엇이든 할 수 있다는 자신감을 가지고 진정으로 원하는 것을 성취하길 바란다.

It is possible!

2008년 1월, 곽 종 운

성공하는 사람들에겐 비밀이 있다!

인간은 누구나 성공을 꿈꾸고, 또 그 길을 위해 매진한다.

무수한 성공서적이 있지만, 이 책에서 이야기하는 여섯 가지 우화 쇠똥구리, 펭귄, 개미, 개구리, 벼룩, 솔개의 삶은 그 동안 미처 생각지 못했던 우리 주변의 미미한 존재들에 관한 내용이라서 더 흥미롭다. 치열한 삶의 경쟁 속에서 살아남은 이들의 이야기는 인간사회보다 도전적이고 열정적이며 감동적이다.

이들은 모두 내 안의 나를 깨우는 헌신적인 노력 끝에 마침내 자신만의 경쟁력을 개발하고 성공을 이루어낸다. 그리고 끈기를 가지고 자신이 제일 잘 할 수 있는 일에 매진한다.

공통점은 또 있다. 남들이 이루지 못할 것이라고 생각하는 편견에 대항해 스스로의 힘을 믿고 꾸준한 연습을 통해 최고의 경지에 올랐다는 점이다.

이 책은 '내가 성공을 향하여 걸어가야지, 성공이 나에게로 걸어오지 않는다'고 말한다. 성공은 스스로 찾아오는 사람에게만 문을 열어

준다는 것이다. 바로 그것이 목적이 있는 삶이며, 누구에게나 가능한 일이라고 강조한다. 또한 젊은이들에게는 열정을 배우는 힘을, 중장년층에게는 인생 2막의 길을 열어주게 될 것이라고 확신한다.

바로 여기 우화속의 존재들처럼 평범한 사람들의 인생 도전기. 누구나에게 열린 가능성을 찾아가는 길이 이 책 안에 있다.

시작하라. 성공의 비밀이 보일 것이다.

김수일(한국경영인협회 부회장)

우화로 배우는 삶의 경영 원리

경영을 연구하는 사람이라면 꼭 한번 써보고 싶은 것이 경영우화다. 이 책은 내가 말하고 싶었던 삶의 경영 이야기들로 가득 차 있다. 어려운 이야기도 쉽게 풀어 쓰는 것이 우화의 미덕인데, 특히 이 책은 우리가 흔하게 접할 수 있는 동물 이야기를 통해 삶의 경영 원리를 쉽고 재미있게 정리하여 더욱 반갑다. 이 책이 당신의 삶을 경영하는데 분명 도움이 될 것이라 믿는다. 당신의 성공을 위해 권한다.

김성국(이화여자대학교 경영학부 교수)

초원의 청소부 쇠똥구리처럼

한 분야의 '전문가'가 되라

● Check Point

쇠똥구리는 쇠똥이나 말똥을 둥글게 만드는 경단 제조기술을 보유하고 있다. 상품이 완성되면 후세를 키우기 위해 자신의 집으로 옮겨간다. 경단을 만드는 기술도 일품이지만 물구나무서기로 상품을 옮기는 기술 또한 탁월하다. 몸 길이가 2cm 정도지만, 자기 몸보다 무려 50배나 되는 쇠똥 경단을 과감히 굴리는 놀라운 솜씨를 발휘한다. 운반한 경단은 흙 속에 묻고 거기에 2세를 낳는다. 알에서 깬 애벌레는 쇠똥 속의 영양분을 먹고 무럭무럭 자란다.

쇠똥구리는 소나 말 등의 배설물을 처리하는 환경지킴이로 인기가 높다. 일명 '초원의 청소부'인 셈이다. 달빛을 나침반 삼아 방향을 감지하는 특별한 능력을 가지고 있는 쇠똥구리는 앞다리로 쇠똥 경단을 만들고 뒷다리로 쇠똥 경단을 굴리는 탁월한 전문성을 자랑한다.

한 분야의 '전문가'가 되라

쇠똥구리 이야기

뜨거운 햇볕이 내리쬐는 무더운 한여름. 쇠똥구리 한 마리가 넓은 초원에서 열심히 쇠똥 경단을 빚고 있었다. 숙련된 솜씨로 신선한 쇠똥을 뭉쳐 동글동글하게 멋진 경단을 만들었다. 쇠똥구리가 그렇게 열심히 경단을 만드는 데 빠져 있는데, 한가롭게 초원을 날아다니던 나비 한 마리가 다가와 쇠똥구리를 놀렸다.

"쇠똥구리야, 뭐 하니?"

"보면 몰라? 쇠똥 경단을 만들고 있잖아."

"아휴, 이 더운 여름날 냄새나는 쇠똥 경단은 왜 그리 열심히 만들어? 그러지 말고 나랑 시원한 그늘에서 맛있는 수액이나 빨아먹으며 놀자."

"나비 친구, 난 괜찮으니까 그대나 실컷 먹고 노세요!"

"참, 딱하구나. 나라도 좀 도와주고는 싶은데, 보다시피 얇고 부드러운 이 날개에 더러운 쇠똥이 묻으면 곤란하거든."

"누가 너보고 도와달래? 괜히 방해하지 말고 저리 가!"

"왜 화를 내고 그래? 알았어. 이제 가려던 참이야. 쇠똥 냄새 때문에 머리가 다 지끈거려. 혹시 생각이 바뀌면 놀러 와. 나눠줄 수액은 얼마든지 있으니까."

그리고서 나비는 훌쩍 날아가 버렸다. 쇠똥구리는 일손을 멈추지 않은 채 혼자 중얼거렸다.

"아마 나비 너는 그 날개가 아니더라도 이렇게 멋진 쇠똥 경단은 죽었다 깨어나도 못 빚을걸? 이게 이래봬도 굉장한 기술이 필요한 일이라고."

쇠똥구리는 자신의 일에 대한 자부심이 대단했다. 그도 그럴 것이 동물의 배설물을 좋아하는 곤충들이 여러 종이 있었지만 쇠똥구리처럼 전문적으로 경단을 빚을 줄 아는 곤충은 드물기 때문이었다. 한 번은 동물의 배설물이라면 사족을 못 쓰는 파리 녀석들이 쇠똥구리처럼 경단을 빚어보겠다고 나섰다가 형편없는 솜씨로 주위의 비웃음만 산 일이 있었다.

'훗, 아무나 할 수 있는 일이 아니지.'

쇠똥구리는 마침내 완성된 쇠똥 경단을 굴리기 위해 물구나무를 섰다. 물구나무서서 경단 굴리기는 경단을 빚는 일만큼이나 고도의 기술이 필요했다. 쇠똥구리는 평소의 실력대로 능숙하게 쇠똥 경단을 굴리기 시작했다.

"자기야, 벌써 다 만든 거야? 역시 우리 자기 쇠똥 경단 만들기 솜씨는 천하일품이라니까."

마중 나와 있던 아내 쇠똥구리가 새로 빚은 경단을 보고 감탄을 했다. 이제 곧 아내 쇠똥구리는 남편 쇠똥구리가 만들어온 말랑말랑하고 따뜻한 새 경단에 알을 낳게 될 것이다.

"우리 아가들도 좋아할 거야."

아내 쇠똥구리는 태어날 새끼들을 생각하니 벌써부터 기분이 좋은 모양이었다.

"물론이지. 내가 이렇게 열심히 만들었는데 안 좋아할 리가 있나."

남편 쇠똥구리도 뿌듯한 마음을 감출 수가 없었다.

시간이 흘러 쇠똥 경단 속에서 깨어난 새끼 쇠똥구리는 아빠 쇠똥구리가 정성스럽게 빚어놓은 쇠똥을 먹으며 하루가 다르게 자랐다.

그러던 어느 날, 새끼 쇠똥구리가 엄마에게 물었다.

"엄마, 저는 언제쯤 경단을 만들 수 있어요?"

"응, 너도 곧 만들 수 있을 거야."

"아무래도 저는 힘들 것 같아요."

"아니야, 너도 할 수 있어. 이 엄마도 처음엔 할머니께 그렇게 물었단다."

"쉽지는 않겠지요?"

"처음엔 어렵지만 자꾸 하다 보면 쉬워질 거야. 네 안에 가득한 잠재력을 발휘해 봐. 잠재력은 경험에서 우러나와. 아직 한 번도 해보지 않았기 때문에 어려울 거라고 짐작하지만, 연습하면 금방 엄마 아빠처럼 멋진 경단을 만들어 굴릴 수 있을 거야."

"빨리 해보고 싶어요!"

"그래, 오늘 엄마랑 한번 해보자! 우선 엄마가 하는 것을 잘 봐. 처음엔 보고 하나하나 따라하면 돼."

"네, 알았어요."

마침내 새끼 쇠똥구리는 태어나서 처음으로 쇠똥을 빚어 경단을 만들게 되었다. 그런데 엄마에게서 들은 대로 배운 대로 해보았으나 역시 처음엔 쉽지 않았다. 새끼 쇠똥구리는 경단을 만들어 한번 굴리지도 못하고 지쳐 쓰러졌다.

다음날 새끼 쇠똥구리는 또 배우러 나갔다. 그러기를 6개월이 지나 마침내 쇠똥구리는 물구나무서기로 경단을 굴릴 수 있게 되었다. 반복된 경험을 통해서 고도의 기술을 스스로 익힌 것이다.

이제 새끼 쇠똥구리는 혼자서도 쇠똥 경단을 만들러 나가곤 했다. 그런데 하루는 새끼 쇠똥구리가 풀죽은 모습으로 돌아와서는 엄마에게 하소연을 했다.

"엄마, 이제 창피해서 놀러 나가질 못하겠어요."

"왜 그러니?"

"아이들이 매일 놀려대요."

"뭐라고? 왜, 놀리는데?"

엄마 쇠똥구리가 새끼 쇠똥구리를 다정하게 감싸안으며 물었다.

"아이들이 저보고 쇠똥 치우는 '똥 퍼'라고 놀려요."

"애야, 엄마 이야기를 좀 들어보렴. 세상에는 해야 할 일이 아주 많단다. 그 어느 것도 쓸모 없는 일은 없어. 우리가 쇠똥을 치우지 않으면 소가 어떻게 되겠니? 매일 질퍽한 똥 무더기 속에서 소가 자란다고 생각해 봐. 온갖 벌레들이 꼬일 거야. 그리 되면 소가 얼마나 힘들겠니? 제대로 튼실하게 클 수 있겠어? 아마 병이 들고 말 거야. 소가 잘 자라서 크면 신선한 우유도 얻게 되지. 그러면 사람들이 그걸 먹고 자랄 수 있어. 우리는 인류발전에 큰 이바지를 하고 있는 거란다. 이 엄마는 한 번도 쇠똥 치우는 일을 부끄럽게 생각해 본 적이 없어. 그리고 우리만이 쇠똥 치우는 일을 할 수 있단다. 우리는 생태계에서 탁월한 청소부 역할을 하는 실력 있고 일 잘하는 쇠똥구리임을 잊어서는 안 돼. 이 일이 우리에겐 천직이야. 우리는 이날까지 이 일만 해왔지. 너도 엄마 아빠처럼 자부심을 가져. 알겠지?"

엄마가 차근차근 알기 쉽게 설명해 주자, 새끼 쇠똥구리는 고개를 끄덕였다.

"알았어요. 엄마 말씀을 듣고 보니 정말 그런 것 같아요. 이제부터 아이들이 놀리면 엄마 얘기대로 그렇게 말할게요."

"귀여운 내 아들아, 고맙구나."

엄마는 새끼 쇠똥구리가 대견스러웠다.

어른이 된 쇠똥구리는 경단 빚기와 굴리기에서 최고의 솜씨를 자랑하는 '고수 쇠똥구리'로 성장했다. 자기 분야에서 최고의 전문성을 갖추었기에 붙여진 별명이었다. 어떤 곤충도 고수 쇠똥구리를 놀리거나 업신여기지 못했다. 자기들은 평생을 살아도 이루지 못할 경지에 그가 올라 있음을 알기 때문이었다.

하루는 이웃에 사는 개미 한 마리가 고수 쇠똥구리를 찾아왔다.

“쇠똥구리 아저씨, 오랜만입니다.”

“어서 와.”

“쇠똥구리 아저씨의 경단 빚는 솜씨가 최고라는 소문을 들었어요. 오늘은 제가 쇠똥구리 아저씨가 일하는 곳에 따라가 봐도 될까요? 저를 좀 데려가 주세요. 제 눈으로 꼭 한번 보고 싶어요.”

“좋아, 원한다면.”

쇠똥구리는 개미를 데리고 일터로 이동했다. 현장에 도착한 개미는 눈앞에 펼쳐진 광경을 보고 너무나 놀랐다. 수천 마리의 쇠똥구리가 무리를 지어 서성거리고 있었기 때문이다.

개미가 물었다.

“저들은 지금 무엇을 하고 있나요?”

“저기를 봐. 양 떼와 말들이 보이지? 지금 저 쇠똥구리들은 경단의 원재료인 말똥과 양똥이 출하되는 시간을 애타게 기다리고 있는 거야. 경쟁이 아주 치열하거든. 출발도 중요하지만 직선 코스를 잡는 게 더 중요해. 수천 마리가 넘는 쇠똥구리가 동시에 출발한다고 가정해 봐. 아무리 쇠똥, 말똥, 양똥이 많아도 저들이 한번 움직이면 순식간에 없어져. 가장 빨리 도착할 수 있는 길을 찾아야 해.”

개미는 쇠똥구리 사회가 이렇게 엄청난 경쟁사회인지 처음 알게 되었다. 고수 쇠똥구리는 침착하게 설명을 계속했다.

"저들 중에는 베테랑도 많아. 이동 속도도 빠르고, 방향 감각도 뛰어나지. 도착하면 큰 덩어리를 눈 깜짝할 사이에 잘라버려. 가장 중요한 기술은 빨리 냄새를 맡는 거야. 안 그러면 늘 꼴찌야. 남들이 움직일 때 따라가면 항상 찌꺼기만 모아서 가져와야 해. 바람이 우리 쪽으로 불면 금방 냄새감각기가 작동하는데, 문제는 바람이 거꾸로 불면 아주 고도의 냄새감각 기능을 가진 쇠똥구리가 가장 앞서가게 되는 거야. 이 세계도 경쟁이 매우 치열하단다. 요즘엔 사람들이 쇠똥, 말똥, 양똥을 치우기 위해 쇠똥구리를 대량으로 사육까지 하거든. 한꺼번에 수천 마리씩 수만 마리씩 풀어놓으니 얼마나 경쟁이 심하겠어. 옛날 같지가 않아. 어떨 땐 헛수고하는 경우도 있어. 우리 세계에서는 일단 경단을 굴리고 가면 아무도 그걸 넘보지 않지. 그것은 우리만의 철칙이야. 매너가 좋은 셈이지. 그래도 집에 있다가 여기 오면 항상 바짝 긴장해야 해."

개미는 모든 게 너무 신기했다. 스케일이 개미사회와 완전히 달랐다. 게다가 고수라고 소문난 쇠똥구리 아저씨도 심한 경쟁 속에서 긴장한다고 하니 얼마나 힘든 일인지 알 것 같았다. 개미가 다시 물었다.

“똥이 떨어지기가 무섭게 수천 마리가 달려나갈 텐데요. 그럼, 아 저씨는 직선 코스로 달려가는 노하우라도 갖고 계시나요? 아니면, 무슨 방향탐지기라도?”

“방향탐지기가 달려 있긴 하지만 그 기능이 원활하지 못하단다. 최근 사람들이 우리 몸을 연구했는데 달빛을 감지하는 나침반과 같 은 수용기를 발견했단다. 달빛을 이용하면 우리는 직진으로 갈 수가 있다는 얘기지. 하지만 그건 달이 휘영청 밝은 밤에만 가능한 이야 기야. 아직은 똥이 떨어지면 본능적인 냄새감각으로 질주하는 거야. 조금 있다가 한번 보렴. 장관일 게야. 아프리카 케냐의 크루거^{Kruger} 국립공원에서는 코끼리 똥 한 무더기에서 무려 7천 마리의 쇠똥구리 가 발견되어 연구자들을 놀라게 했지. 이 세계에서도 경쟁력이 있어 야 살아남을 수가 있단다.”

개미는 고수 쇠똥구리의 이야기에 흠뻑 빠져 있었다. 그때 갑자기 주위의 쇠똥구리들 사이에 미묘한 동요가 일기 시작했다.

“이봐, 개미 친구. 일단 내 등에 업혀.”

“왜요?”

“이제 곧 전쟁이 난 것처럼 대이동이 시작될 거야. 네 걸음으로는 나를 따르지 못해. 괜히 어물거리다가 다칠지도 몰라. 그러니 어서 업혀."

"이동할 시간이 된 것을 어떻게 아셨지요?"

"경단 만들기를 오래하다 보니 감이 생겼어."

개미가 쇠똥구리 등에 올라타자마자 아니나다를까 쇠똥구리들이 일제히 움직이기 시작했다. 어디선가 원료 출하가 시작된 것이다. 한곳을 향해 서로 경쟁하듯 빠르게 움직이기 시작한 쇠똥구리들의 모습은 정말 장관이었다. 탱크가 일제히 이동을 하는 듯 천지가 진동하는 것 같았다. 앞서가는 무리들, 중간 무리들, 뒤처진 무리들, 정반대 방향으로 가는 무리들. 우왕좌왕하는 무리들로 한바탕 난리가 났다. 개미 눈에는 모든 게 신기하고 흥미로웠다.

"쇠똥구리 아저씨, 모든 쇠똥구리들이 하나의 목표물을 향해 가고 있는 것 같아요."

"그래, 이 순간만큼은 모든 쇠똥구리의 마음속에 오직 하나의 목표밖엔 없어. 오직 하나의 목적지를 향해 질주하는 거지."

"우와! 정말 쇠똥구리의 대이동이 시작되었네요."

"그래, 대단하지. 땅속에만 있다가 여기 오면 정말 사는 재미가 솔솔 나."

"쇠똥구리 아저씨! 드디어 우리가 선두 그룹이에요. 지금 이대로 가면 1등이에요!"

"그래, 오늘은 운이 좋구나. 가끔 방향탐지기가 잘 작동되지 않을 때가 있거든. 오늘은 개미, 네가 있어 신바람이 났나 보다."

"쇠똥구리 아저씨, 이제 조금만 가면 될 것 같아요."

"그렇지? 냄새가 진하게 풍기는 걸 보니 거의 다 와 가고 있는 것 같구나."

"쇠똥구리 아저씨 뒤를 한번 보세요. 처음에는 우왕좌왕하더니 대부분의 쇠똥구리 무리들이 이쪽으로 몰려오고 있어요."

"앞서가는 그룹이 생기면 나머지 그룹은 처음엔 감도 못 잡다가 한참 뒤에야 깨닫고 따라오지."

"네, 그래요. 아까와 판도가 달라졌어요. 선두 그룹이 약 20%, 중간 그룹이 60%, 그리고 나머지 20%는 아주 뒤처져 있어요. 점점 차이가 더 벌어지고 있어요. 우리 개미사회에서도 비슷해요. 일을 시켜 보면 20%만 열심히 일하고 나머지 80%는 빈둥거리거든요. 쇠똥구리들도 비슷한 것 같아요. 경단 굴리기에 뛰어난 선수급들은 전체의 약 20%인 것 같아요."

개미가 마치 경기 중계를 하듯 이야기했다.

"그래 잘 보았어. 우리 쇠똥구리 사회도 대변혁이 일어난 거야. 옛날 같지가 않아. 대량 사육을 하는 바람에 좋은 시절 다 지나갔어. 옛날에는 아무리 빈둥거려도 하루에 경단 10개 정도는 만들었지. 그런데 요즘은 하루에 1~2개 하면 잘하는 거야."

개미가 소리쳤다.

"쇠똥구리 아저씨, 저기 따뜻한 새 원료가 보여요."

"그래 나도 보이는 구나. 이제 슬슬 작업을 하자. 등에 잘 붙어 있어야 해. 저 원료가 뜨겁기 때문에 거기에 잘못 떨어지면 죽게 돼."

"네, 알았어요. 정말 겁나요. 소문만 듣다가 이렇게 현장을 직접 보니 막 가슴이 뛰어요. 이런 광경은 처음이거든요."

"그렇겠지. 자, 우리는 이만큼만 잘라서 가자. 아주 질 좋은 원료야. 이제 굴려서 가면 돼. 지금부터는 내가 물구나무를 설 테니 겁내지 말고 꼭 붙들어라."

"알았어요. 꼭 붙들게요."

개미가 팔과 다리에 잔뜩 힘을 주었다. 그러자 쇠똥구리가 물구나무를 서더니 잘라낸 경단을 굴리기 시작했다.

"그런데 쇠똥구리 아저씨, 갑자기 왜 물구나무를 서요?"

"응. 오랫동안 일하면서 경험으로 체득한 기술이야. 처음에는 경

단을 내 몸무게 정도 크기로 작게 만들어 굴렸지. 어느
날 하루 일과를 평가하는 데 생산성이 너무 낮았어.
집에까지 이동하는 데 어떨 때에
는 한나절이 걸리거든. 그래
서 어떻게 하면 경단을 더 크
게 만들어 굴려올까를 생각했
지. 어떻게 하면 현재보다 생산 효율을 300% 더 올릴 것인지를 생각
했단다. 그래서 하루는 일터에서 종일 굴리는 연습을 한 거야. 세상
에 공짜는 없잖아. 안 해본 방법이 없었어. 머리로 밀어도 보고, 서
서 정면을 향해 경단을 밀어보기도 하고, 앞에서 당겨보기도 하고,
동료와 함께 밀어보기도 했지. 그러다 결국 한 가지 방법을 찾아내
었지.”

“물구나무서기로군요!”

“그래, 바로 그렇단다. 온갖 방법을 다 썼는데도 너무 힘이 들어서
마지막으로 써본 방법이 경단을 거꾸로 보면서 밀고 가는 거였어.
물구나무를 서는 것처럼 서서 뒤로 밀고 간 거야. 지금까지 나온 방
법 가운데 가장 효율적인 방법이었어. 그러나 아직도 나는 더 좋은
방법을 매일 찾고 있어. 언젠가 물구나무서기보다 더 좋은 기술이

나올지 몰라. 내가 최고의 기술이라고 생각하면 또 다른 좋은 기술이 나오게 되어 있어. 쇠똥구리라고 해서 모두 이 방법을 쓰는 건 아니야. 혹시 응용 기술이라는 말을 들어봤니?"

"네."

"바로 그런 거야. 하나의 기술로 다른 방면에 자꾸 적용을 해보는 거야. 기술은 언제나 상대적이거든. 획일적으로 내 기술만이 좋은 것은 아니야."

개미는 왜 쇠똥구리 아저씨를 모두들 고수 쇠똥구리라고 부르는지 이제야 확실히 알 수 있었다. 그는 경단을 빚고 굴리는 데 남들이 따라할 수 없는 자기만의 초일류 기술을 가지고 있었던 것이다.

"지금 네가 보고 있는 이 방법은 우연히 나온 게 아니야. 내가 수없이 연습하고 실험하고 공부하고 연구한 끝에 얻어진 노력의 결과야. 다른 쇠똥구리보다 더 효율적으로 경단을 굴리게 되었지. 이 방법을 쓰고부터 내 몸무게의 50배 이상을 운반할 수 있게 되었어. 어때, 기막히지 않아?"

"아, 정말 멋진 기술이에요. 상상하기 어려운 기막힌 방법 같아요. 저도 나중에 짐을 운반할 때 물구나무서듯이 서서 거꾸로 한번 운반해 볼게요. 아마 개미사회에 일대 변혁이 일어날 거예요. 정말 감탄스럽네요. 쇠똥구리 아저씨, 어떻게 그런 아이디어를 내었는지 궁금해요."

개미는 고수 쇠똥구리에게 한 수 가르쳐 달라고 정중하게 부탁했다.

"내 경험으로 보면 늘 배우는 자세를 가져야 해. 기회를 놓치면 안 되는 법이야. 그리고 스스로에게 자주 질문을 해야 해. 나는 경단을 굴리면서 항상 생각을 하지. 어떻게 하면 현재보다 더 큰 경단을, 더 적은 힘으로 운반할 수 있을까를 날마다 생각해. 난 호기심이 아주 많아. 깊은 생각에 잠기기를 좋아해. 그리고 내가 터득한 기술은 다른 친구에게도 가르쳐 주지. 그렇게 하니까 그들도 좋은 기술을 개발하면 내게 가르쳐 주거든. 그게 시너지 효과야. 그렇게 하면 서로 폭넓은 지식을 갖게 되는 거야. 상호 협력하는 거지. 다른 사람의 지식을 내 것과 연계하면 풍성한 연상력이 나와서 더 좋은 기술을 개발할 수 있어."

개미는 쇠똥구리가 자신이 어렵게 개발한 기술을 동료들과 공유한다는 사실이 조금 놀라웠다. 그런 협동정신은 개미사회에만 있는 줄 알았는데 말이다. 역시 좋은 가치는 어느 사회를 막론하고 힘을 발휘하는 거라는 생각이 들었다. 쇠똥구리가 이야기를 계속했다.

"쇠똥구리 사회에서 '경단 굴리기' 하면 나를 알아주지. 그런데 나도 예전에는 경단 제조 기술이 좀 약했거든. 실패도 많이 했지. 처음에는 둥그렇게 잘라지지 않고 길게 잘리니까 얼마나 힘이 들었는지 몰라. 경단 모양이 둥그렇게 되어야 힘이 덜 들거든. 내가 경단을 만들어 보니까 성공과 실패는 동떨어진 게 아니야. 표리 관계라고 볼 수 있지. 실패한다는 것은 역설적으로 그만큼 성공에 가까워졌다는 이야기야."

"아, 대단하세요. 쇠똥구리 아저씨는 정말 열정적인 학구파세요. 저는 짐만 운반할 줄 알았지 별 생각을 안 해요. 그냥 시키면 시키는 대로 할 뿐이에요. 현재보다 더 나은 기술, 더 나은 세상을 꿈꾸지 않았어요. 이제 돌아가면 오늘 보고 들었던 모든 이야기와 기술을 제 삶에 한번 적용해 볼게요. 벌써부터 기대가 돼요."

"네가 그렇게 말하니 나도 기대가 되는걸?"

고수 쇠똥구리가 흐뭇하게 웃었다.

"쇠똥구리 아저씨, 저기 보세요. 아직도 무리를 지어서 목적지로 가고 있어요. 우리는 벌써 경단을 만들어 집으로 가고 있는데."

"어느 사회에서나 다 그래. 1등이 있으면 꼴찌가 있어. 그런데 꼴

찌라고 해서 무시하면 안 돼. 언젠가 꼴찌도 1등으로 나아갈 수 있거든. 나도 한때 저 무리 속에서 진땀을 흘리면서 달리던 때가 있었어. 우리 사회에서도 정보가 가장 중요해. 어디에 가면 양 떼가 많고, 어디에 소 떼가 많은지 알아야 해. 저녁이면 그들은 다 이동해 버려. 실력 있는 쇠똥구리는 소들이 이동하는 길도 알 정도야. 그들은 저녁에도 경단을 만들어. 대단한 실력파들이야. 이 세계에서 이제 후각 하나로 살아가기에는 너무 힘들게 되었어. 오랜 세월에 걸쳐서 얻은 삶의 노하우가 중요한 것 같아. 무리 중에 있을 때에는 몰랐는데, 이제야 겨우 삶의 감(感)이 생겼지. 한 가지 일에 오랫동안 몸담으니 감각적으로 일을 하게 되는 거야."

"네, 그런 것 같아요. 그런데 쇠똥구리 아저씨, 아까와 경단 모양이 달라졌어요. 생긴 모양이 아주 둥글어져 가고 있어요. 아까보다 더 빠르게 경단이 굴러가는 것 같아요."

"그럴 거야. 굴릴수록 단단해지고 야물어져. 처음에 굴릴 때가 아주 힘들어. 처음엔 똥이 좀 젖어 있어서 땅 위에서 굴리기가 여간 힘든 일이 아니야. 그때는 서두르면 안 돼. 침착하게 움직여야 해. 잘못하면 경단이 쪼개지거든. 조금씩 흙을 묻혀 가면 서서히 다져지는 거야. 어느 정도 굴러가면 나중엔 정말 쉬워. 쇠똥구리라고 해서 모두 자기 몸무게의 50배나 되는 경단을 만들지는 못해. 젖은 똥을 처음 떼어낼 때 고도의 분리 기술이 필요하고 또 젖은 똥을 굴릴 때 정말 남다른 섬세한 기술이 필요하거든. 자꾸 일을 반복하다 보면 새로운 아이디어가 나와."

쇠똥구리의 경이로운 경단 굴리기 실력을 감상하다 보니 어느새 집에 다 와 있었다.

"쇠똥구리 아저씨, 오늘 정말 많이 배웠어요. 돌아가면 개미사회에 꼭 전할게요. 먼저 제 삶에 한번 적용해 볼게요. 저도 매일같이 반복된 일을 하다 보니 사실 지겨워요. 이전과는 무언가 다른 삶을 찾고 싶어요. 다른 것은 몰라도 물구나무서기로 짐을 운반하는 기술은 꼭 시도해 볼게요."

"잘 가. 다음에는 발전된 네 기술을 보여줘. 그리고 잊지 말아야 할 게 하나 있어. 물구나무서기로 짐을 운반하려면 72시간 안에 꼭 시도해 봐야 해. 그 시간이 지나면 잊어버릴지 모르거든. 그러면 다시는 행동에 옮기지 못하게 될지 몰라. 무언가를 배워서 자기 것으로 만들고 싶다면 반드시 72시간 안에 적용해 봐야 해."

"네, 꼭 72시간 안에 해볼게요. 안녕히 가세요, 쇠똥구리 아저씨. 정말 고마웠어요. 언제나 잊지 못할 거예요."

고수 쇠똥구리와 헤어져 돌아오면서 개미는 깊은 생각에 빠졌다.

"여태까지 너무 안일하게 살았어. 쇠똥구리 아저씨는 날마다 더 새로운 경단 제조방법을 찾느라 노력하고 노력했어. 물구나무서기로 경단을 굴려가는 모습은 정말 장관이었어. 어떻게 그런 생각을 했을까? 뭔가 한 가지라도 똑 부러지게 해야 해. 나도 이제 돌아가면 어느 누구도 흉내낼 수 없는 나만의 양식 운반기술을 개발할 거야. 현재의 방법으로는 안 돼. 더 효과적인 방법을 찾아야 해. 그 길만이 내가 인정받고 살 길이야."

고수 쇠똥구리의 가르침이 한 마리 개미의 삶을 변화시키는 순간이었다.

쇠똥구리로부터 배우는 인생 성공 비밀

1. 나만이 할 수 있는 전문 분야를 찾아라

강철왕 카네기도 "성공의 비결은 자신이 어떤 직업을 가졌든 그 분야에서 1인자가 되는 것이다"라고 했다. 19세기 영국 작가 새무얼 스마일즈는 "당신이 한 가지 일에 능통하면 만사에 응용할 수 있다"고 했다. 쇠똥구리는 한 가지 일에 빠져 매진함으로써 초일류 기술을 가지게 되었다. 한 가지 일에 빠져라. 그리고 나만의 전문 분야를 찾아라.

집을 떠나 타향에서 공부하던 어린 맹자가 어느 날 갑자기 집에 돌아왔다. 어머니가 보고 싶었기 때문이다. 이때 맹자의 어머니는 베틀에 앉은 채 맹자에게 물었다.

"그래, 글은 얼마나 배웠느냐?"

"별로 배우지 못했습니다, 어머님."

맹자가 대답하자 어머니는 짜고 있던 베의 날실을 끊어버리고는 이렇게 타일렀다.

"네가 공부를 중도에 그만두고 돌아온 것은 지금 내가 짜고 있던 이 베의 날실을 끊어버린 것과 다를 게 없다!"

이에 크게 깨달은 맹자는 다시 스승에게 돌아가서 전보다 더욱 열심히 공부하여 공자에 버금가는 인물이 되었다.

2. 자신의 일터에서 탁월한 경쟁력을 키워라

쇠똥구리는 후각이 잘 발달되어 있다. 쇠똥구리가 경쟁에서 이기려면 우선 다른 쇠똥구리보다 한 발 먼저 출발하여 가장 빠른 길을 택해 원재료가 있는 목적지에 도착해야 한다.

쇠똥구리는 무한 경쟁에서 살아남기 위해서 오늘도 세 가지를 개발하고 있다.

첫째, 감지기술의 개발이다. 선천적으로 쇠똥구리는 후각이 뛰어나지만 감각훈련을 통해서 더 개발될 수 있는 것이다. 바람의 방향과 적절한 위치 선정을 통해 더 빠르게 목적지에 도착할 수 있다.

내 삶에서 가장 경쟁력 있게 개발할 수 있는 기술이 무엇인가? 그것을 찾아야 한다.

둘째, 최단 직선 행로의 개척이다. 감지기술이 뛰어나더라도 신선한 원재료를 확보하기 위해서는 가장 빠른 길로 가야 한다. 그렇지 않으면 좋은 원료를 놓치기 십상이다. 감지기술도 중요하지만, 감지 후 누가 먼저 최단의 직선 코스로 목적지에 도달하느냐가 더 중요하다.

만약 내가 다른 사람과 비슷한 노하우know-how를 가지고 있다면, 잠시 뒤로 미루어라. 성공의 목적지에 최단 시간에 도달하려면 '언제when, 어디서where, 누가who, 무엇을what, 왜why' 했는지의 과정을 중요하게 생각하라.

셋째, 경단을 굴리고 가는 운반기술이다. 쇠똥구리는 이론보다 실전에 더 강하다. 그는 오랜 경험을 통해서 고도의 물구나무서기 운반기술을 스스로 개발한 것이다.

어떻게 하면 현재 하고 있는 일의 효율을 높일 것인가 날마다 생각하라. IBM사의 사훈은 이렇다.

"첫째도 생각하라, 둘째도 생각하라, 셋째도 생각하라."

쇠똥구리처럼 거꾸로 서서 사물을 생각해 보라. 더 좋은 기술이 보일 것이다. 때로는 사물을 나누어 보고, 빼보고, 더해 보고, 잘게 쪼개 보고, 작게도 해보라. 현재보다 더 나은 방법을 찾을 수 있다. 생각의 크기는 경쟁력의 크기다!

3. 나만의 새로운 지식과 기술을 창출하라

'파는 인생이 아니라 팔리는 인생'

목축의 나라 호주에는 하루에 약 2억 개의 똥 무더기가 생기는데, 1960년대부터 쇠똥구리를 이용해 이 똥을 처리하고 있다. 멕시코산 쇠똥구리가 하와이로 원정하는 일까지 벌어지고 있다.

쇠똥구리가 전무후무하게 탁월한 경단 만들기 기술을 가지고 있으니까 사람들의 관심을 끄는 것이다. 쇠똥구리는 '내가 나를 파는 삶'이 아니고 '가만히 있어도 내가 팔리는 삶'이 된 경우이다.

필자는 '물水 처리' 분야에서 정수약품coagulant, 응집제에 관한 전문가로 국내외에 알려져 있다. 이 분야에서 15년 간 연구와 개발에 투자했고, 우리 나라에서는 한 권밖에 없는 전문 서적을 집필하는 등 최고의 전문가로 인정받고 있다. 내 경험에 비추어 볼 때 한 분야에서 전문가가 되려면 몇 가지 원칙을 지켜야 한다.

첫째, 많은 사람들과 교류를 갖고 정보를 교환하라.
둘째, 알고 있는 바를 경험을 통하여 새로운 사실을 찾아내며 기록하고 평가하라.
셋째, 내가 기록한 문서를 필요로 하는 사람들에게 나누어 주라.
넷째, 항상 새로운 것을 배우는 자세를 가져라.

필자는 1999년도에 '신지식인'으로 선정된 바 있는데, 그것은 내가 새롭게 경험한 것을 기록하고 그 기록을 책으로 만들어 많은 사람들과 정보를 공유한 덕분이었다. 정보를 나누면 더 좋은 지식과 기술을 창출할 수 있다. 왜냐하면 지식은 공유되는 과정에서 항상 진화하기 때문이다.

소는 풀을 먹고 우유를 낳는다. 사람은 무엇을 낳는가? 사람은 정보를 먹고 지식을 낳는다!

나의 경험으로 보면 지식 창출 원리는 다음과 같다. 이것은 언젠가 한 일간지에 '신지식인 10계명'이란 제목으로 필자가 게재한 글인데, 그 가운데 몇 가지를 소개한다.

첫째, 지식은 누구나 창출할 수 있다는 신념을 가져라. 쇠똥구리는 자신의 삶을 통해서 새로운 지식을 창출했다. 경단을 굴릴 때 물구나무서서 굴리는 기술은 감탄스럽다. 처음부터 물구나무서서 경단을 굴리지는 않았을 것이다. 오랜 경험 속에서 쇠똥구리는 기술을 알아내고 습득한 것이다.

그리스 시대에 이삭이라는 한 소년이 살았다. 어느 날 길을 가던 한 사람이 소년에게 물었다.

"애야, 아테네까지는 얼마나 더 가야 하니?"

소년은 아무 대답도 하지 않고 가만히 서 있었다.

"귀가 멀었나 보군."

행인은 발길을 돌려 저만큼 걸어가는데, 소년이 말했다.

"해지기 전에는 성에 닿을 수 있겠어요."

"애야, 그런데 아까는 왜 대답을 하지 않았니?"

그러자 소년은 행인을 보며 태연하게 말했다.

"아저씨의 걷는 속도를 모르니까 아까는 가만히 있었어요. 지금은 걸음걸이 속도를 알았으니 대답한 거예요."

소년은 행인의 행동을 보고 적절한 답을 해 준 것이었다. 사물에 대한 지식을 얻으려면 관찰하고 생각하라. 그러면 통찰력을 얻을 것이다.

둘째, 자신만이 공헌할 수 있는 분야에서 지식을 찾아라.

개미가 쇠똥구리의 흉내를 내어서 경단을 만든다고 상상해 보라. 개미는 개미가 가장 잘할 수 있는 분야에서, 쇠똥구리는 쇠똥구리가 가장 잘할 수 있는 분야에서 자신만의 지식을 찾듯이, 자신이 가장 잘할 수 있는 분야에서 지식을 찾아야 한다.

셋째, 정보가공 능력을 키워라.

어느 날 사자가 스스로 숲속의 왕 노릇을 하며 모든 짐승들에게 아침저녁으로 문안을 드리라고 했다. 숲의 모든 짐승들이 모두 문안을 갔는데, 여우는 가지 않았다. 사자의 시종이 왜 문안드리러 오지 않았느냐고 묻자, 여우는 이렇게 대답했다.

"사자굴로 들어간 짐승들의 발자국 중에 다시 되돌아 나온 발자국은 하나도 없기 때문이오."

여우는 발자국의 흔적을 통해서 사자가 문안드리러 온 짐승들을 다 잡아먹었다는 사실을 알아차린 것이다. 여우는 굴의 주위 환경을 살펴보고 사자에 대한 정보를 미리 알고 행동했기 때문에 살아남을 수 있었다.

넷째, 인간관계를 잘 형성하라.

두뇌를 갈고 닦고 여러 가지 훈련을 잘 쌓으면 사회에 나가서 성공할 확률이 10%라고 한다. 그러나 인간관계를 잘 쌓으면 성공할 확률이 80%이다. 직장에서 일을 잘못하여 해고당하는 것보다 사람관계 때문에 해고당하는 것이 거의 두 배에 가깝다.

다섯째, 창출한 지식은 계속 진화시켜라.

중국 춘추시대 때 초楚나라 영왕靈王은 지혜가 뛰어났던 제齊나라의 재상 안영의 코를 납작하게 해주고자 그를 초청하였다.

영왕이 인사도 끝나기 전에 "제나라에는 사람이 없소?" 하며 안영의 작은 키를 두고 비꼬았다. 그러자 안영은 "그 까닭은 이러하옵니다. 저희 나라에서는 사신을 보낼 때 상대방 인물에 맞게 골라서 보내는 관례가 있습니다." 초나라 영왕은 보기 좋게 반격을 당하여 얼굴이 화끈거렸다.

안영을 곯려줄 첫 번째 계획이 실패하자 영왕은 두 번째 계획을 시행했는데, 뜰 아래로 포리捕吏들이 죄인을 끌고 지나가자 왕이 물었다. "여봐라, 어느 나라 사람이 무슨 죄를 저질렀느냐?" 그러자 포리가 "제나라 사람으로, 절도죄를 저질렀습니다"라고 했다. 그러나 안영은 상관없는 일이라는 듯 초연히 "강남 쪽에 귤이 있었는데 그것을 강북 쪽으로 옮겨 심으면 탱자가 되고 마는 것은 토질 때문입니다. 제나라 사람들은 원래 도둑질이 무엇인지도 몰랐는데 도둑질을 한 것을 보면 초나라 풍토 탓인 것으로 보입니다." 초나라 영왕은 그제야 안영에게 깊이 승복하고 용서를 구한 뒤에 큰 잔치를 베풀어 대접했다.

초나라의 안영처럼 귤도 탱자로 만들어내는 지식을 개발하라.

4. 경험을 통해 삶의 기술을 진화시켜라

새끼 쇠똥구리는 수많은 경험을 통해서 자신의 기술

을 진화시켜 나갔다. 경단을 만드는 과정에서 엄청난 노하우를 쌓아 올린 것이다. 이와 같이 쇠똥구리는 삶의 체험으로부터 많은 기술을 진화시켰다.

- 멀리서도 똥 무더기가 떨어지자마자 뛰어난 후각으로 냄새를 맡는 감지기술
- 냄새를 맡으면 감각적으로 가장 빠르게 목적지까지 도달하는 최단거리 주행기술
- 똥을 원재료로부터 떼어내는 1차제품 가공기술
- 빚은 경단을 가장 효율적으로 집까지 가져오는 탁월한 물구나무 서기형 운반기술
- 땅을 파서 경단을 안전하게 저장하는 보관기술
- 빚은 경단을 2세의 영양공급원으로 활용하는 적절한 자원 활용기술

어떻게 하면 자기만의 삶의 기술을 개발하고 진화시킬 수 있는가?

사물을 보면 항상 현재보다 더 나은 길과 방법이 있다고 생각하라. 그리고 긍정의 말로 이렇게 외쳐보라.

"It is possible!"

그것이 첫 걸음이다.

★ 인생 성공 비밀 ★

1. 나만이 할 수 있는 전문 분야를 찾아라

● Check Point

한 가지 분야에서 집중력을 발휘할 때 자기만의 새로운 영역을 개척하고 성공에 이를 수 있다. 나는 현재 어떤 일에 집중하고 있는지 스스로 살펴보라.

2. 자신의 일터에서 탁월한 경쟁력을 키워라

● Check Point

남보다 한 발 앞서가기 위해서는 스스로 경쟁력을 키워야 한다. 경쟁력 강화를 위해 대내외 환경과 인적 네트워크를 점검하라.

3. 나만의 새로운 지식과 기술을 창출하라

● Check Point

창조적 아이디어는 풍부한 경험과 지식을 통해 창출된다. 지식정보화 시대에 내가 개발해야 할 지식은 무엇인지 살펴보고, 정보의 공유와 교류를 통해 발전시켜 나가라.

4. 경험을 통해 삶의 기술을 진화시켜라

● Check Point

현재보다 나은 삶을 위해서는 '나도 할 수 있다'는 자신감이 필요하다. 자신감을 갖기 위해 더 배우고 연구해야 할 대상은 없는지 체크하라.

몸 길이 2~4mm, 높이뛰기 20cm, 넓이뛰기 35cm.

벼룩의 신상명세다. 뒷다리가 발달하여 잘 뛰는데, 보통 자기 몸 길이의 100배 이상 뛸 수 있다. 이 엄청난 점프력으로 날개가 없어도 날 수 있는 유일한 곤충이 되었다. 날개가 달려 있지 않은데도 고도의 비행기술을 개발해서 인간사회에 잘 알려진 존재가 되었다. 또한 벼룩은 대단한 기동성과 지구력을 가지고 있어서 며칠 간 쉬지 않고 수백 회에 걸쳐 점프를 할 수도 있다.

벼룩은 매우 섬세하면서도 화려한 뜀뛰기로 사람들을 매혹시켰다. 먼 옛날 프랑스에서는 지상의 가장 작은 쇼라고 하는 '벼룩 서커스'가 유행하기도 했다. 오늘도 벼룩은 다리에 힘을 모아 점프 기술을 개발하는 데 여념이 없다.

나만의 '독창성'을 찾아라

벼룩 이야기

어느 날 벼룩 두 마리가 잘못 뛰는 바람에 빈 병에 빠졌다.

한 마리가 소리쳤다.

"야, 좀 이상해. 공간이 좁아졌어. 아무래도 갇힌 것 같아."

"그래도 정신을 차리고 튀어 올라 보자."

벼룩 한 마리가 뒷다리에 힘을 주어 뛰었다.

"이얏!"

단 한 번의 시도로 탈출에 성공했다.

"너도 어서 뛰어봐!"

먼저 탈출에 성공한 벼룩이 뒤에 남은 두 번째 벼룩에게 소리
쳤다.

"알았어. 기다려!"

두 번째 벼룩이 뛰어오르는 순간, 무엇인가가 벼룩의 머리를 "꽝" 때렸다. 빈 병을 가지고 놀던 사람의 어린아이가 병뚜껑을 닫아버린 것이다. 뚜껑에 머리를 부딪친 벼룩은 멍하고 현기증이 났다. 잠시 후 정신을 차린 벼룩이 다시 한 번 다리에 온 힘을 주고 재차 탈출을 시도했다. 하지만 병뚜껑이 막혀 있어 밖으로 나갈 수가 없었다.

밖에서 기다리던 친구 벼룩이 소리쳤다.

"왜 못 나오니. 평소에 나보다 더 잘 뛰잖아. 빨리 나와."

"응, 나도 그러고 싶은데 머리에 무언가 자꾸 부딪치는 것 같아. 멍하고 방향 감각이 없어. 뛰어도 제자리야."

벼룩은 다시 힘을 모아 뛰고 또 뛰어 보았다. 하지만 여전히 병 안에서 맴돌 뿐이었다.

밖에서 내내 기다리던 벼룩 친구가 말했다.

"아무래도 네 다리에 이상이 생겼나 봐. 그렇지 않고서야 어떻게 거기를 못 빠져 나와?"

"그러게 말이야. 난 이제 포기해야 할 것 같아. 아무리 뛰어도 안 돼. 빠져 나갈 수가 없어. 너 먼저 가."

그렇게 벼룩은 병에 갇힌 채 몇날 며칠을 지냈다.

'아, 이렇게 내 삶은 끝나는 것일까?'

그때, 벼룩이 풀이 죽어 앉아 있던 바닥이 흔들리더니 머리 위로 꽉 막혀 있던 뚜껑이 열렸다. 어린아이가 다시 무언가 장난을 칠 궁리를 하는 것 같았다. 벼룩은 며칠 동안 음식을 먹지 못해 기운이 없었지만 이것이 마지막 기회라는 생각에 점프를 시도하여 간신히 병 밖으로 빠져 나올 수 있었다. 천신만고 끝에 해방이 된 것이다. 그러나 안타깝게도 그의 점프 실력은 병에 갇히기 전으로 돌아가지 않았다. 그의 점프 실력은 예전의 20%밖에 되지 않았다.

집으로 가는 길에 그는 옛날 동료 벼룩을 만나게 되었다.

"오랜만이야, 그런데 뒷다리가 좀 허약해 보인다. 어디 아프니?"

"아니야, 괜찮아. 아프지 않아. 잘 가."

옛 동료 벼룩은 뒷다리에 힘을 주더니 붕 날다시피 뛰어서 가버렸다. 그 모습을 본 벼룩은 가슴이 아팠다.

'나도 한때는 저렇게 붕 날다시피 뛰었는데… 난 이제 아무리 뛰어도 저렇게 되지 않을 거야.'

벼룩은 나무그늘에 앉아서 생각에 잠겼다.

'나는 누구인가? 본명 벼룩. 사람들은 나를 그렇게 부른다. 하지만 지금의 나는 벼룩이라고 할 수 없다. 벼룩하면 높이뛰기인데 나는 다른 벼룩들처럼 높이 뛸 수 없게 되었으니 말이야. 며칠 동안 병 속에서 더 힘차게 더 높이 뛰어보려고 밤낮없이 뛰고 또 뛰어봤지만 아무리 노력해도 내 점프 실력은 병마개까지가 한계였어. 이제 나는 이렇게 살다 끝나는 것인가? 아무리 생각해도 답이 나오지 않아.'

벼룩은 자신의 현실을 슬퍼하며 그 옛날 화려한 시절을 떠올렸다. 그러다 나무그늘 아래서 잠이 들고 말았다. 그리고 꿈을 꾸었다.

수많은 벼룩들이 모여 있었다. 중앙에 마련된 경기장에는 '벼룩 높이뛰기 대회'에 참가한 선수들이 기량을 뽐내고 있었다. 처음으로 나온 벼룩은 자기 키보다 무려 120배나 뛰었다. 두 번째 나온 벼룩은 117배. 세 번째 나온 벼룩은 125배. 대단한 실력들이었다. 모두들 최소한 자기 키의 100배가 넘었다.

벼룩은 친구들과 어울려 오랜만에 신나게 응원하고 소리 지르며 즐거운 한때를 보냈다. 대회가 끝나고 벼룩은 친구들과 집으로 향했다. 그런데 가는 길 중간에 조그마한 계곡을 지나게 되었다. 친구들은 준비 자세도 없이 그냥 거뜬하게 뛰어 건너갔다.

'이제 내가 뛰어야 할 차례다.'

벼룩은 다리에 힘을 바짝 주었다. 다리 다섯 마디에 힘 받는 소리가 뿌드득 하고 들리는 듯했다. 그리고 일시에 다리에 힘을 주어 바닥을 내치니 온 몸이 스프링처럼 강한 힘을 받아 공중으로 붕 날았다. 벼룩 생각에는 자기 키의 200배나 더 뛴 것 같았다. 정말 멋진 높이뛰기였다. 그리고 맞은편 절벽에 가까스로 떨어지려고 하는 순간, 갑자기 병 속에 갇혔던 일이 생각났다.

'아! 나는 뛰기를 못하는데… 내가 이렇게 높이 뛰다니!'

생각이 거기에 미치자 벼룩은 더 이상 공중에 떠 있지 못하고 계곡 아래로 추락할 것만 같았다.

"으악! 살려줘!"

벼룩은 자신의 고함 소리에 놀라 잠에서 깼다.

'휴, 꿈이었구나.'

벼룩은 놀란 가슴을 쓸어내렸다. 하지만 한편으로 그렇게 멋지게 뛰었던 일이 모두 현실이 아닌 꿈이었다는 사실이 못내 아쉬웠다.

벼룩은 긴 한숨을 쉬며 일어나 다시 길을 나섰다. 그런데 한참을 가다 보니 꿈에 본 그 계곡이 나타나는 게 아닌가? 이건 분명 꿈이 아니라 현실이었다. 벼룩은 눈을 감고 생각했다.

'꿈에서 동료들은 모두 가뿐하게 이 계곡을 뛰어넘었다. 그들이 했던 것처럼 나도 해보자.'

벼룩은 결심한 듯 절벽에 섰다. 바람이 좀 불었지만 그까짓 것 대수로운 것은 아니었다. 그런데 막상 다리에 힘을 주려고 하니까 부들부들 떨렸다. 절벽을 바라보니 겁이 덜컥 났다.

벼룩은 더 긴장이 되었다. 그런데 그때 설상가상으로 저 뒤에서 개구리 무리들이 계곡 쪽으로 오고 있었다. 정말 진퇴양난이었다. 뛰자니 겁이 덜컥 나고, 뒤돌아 다른 길로 가자니 꼼짝없이 개구리 밥이 될 신세였다. 개구리 떼의 소리는 점점 더 가까이 다가오고 있었다. 절박한 순간이었다.

마침내 벼룩은 결단을 내렸다.

"이렇게 죽으나 저렇게 죽으나 마찬가지다. 개구리에게 잡아먹히느니 차라리 이 절벽을 건너뛰다가 죽자! 일평생 못한다는 생각만 하다가 죽느니 오늘 단 한 번이라도 내 삶을 찾아보자! 난 여태껏 단 한 번도 무언가 결심해서 해본 일이 없었어. 오늘 단 하루만이라도 결단력 있는 내가 돼보는 거야."

벼룩은 마침내 눈을 부릅뜨고 계곡을 다시 바라보았다. 이전과 전혀 달라 보였다. 죽기를 결심하고 바라보니 별게 아니었다. 조금 전까지만 해도 그렇게 절벽이 가파르고 험하고 무섭게 보였는데 죽음을 각오하니 겁날 게 없었고 오히려 자신감이 넘치게 되었다. 벼룩 스스로 생각해도 평소의 자기 모습이 아니었다.

그는 그 순간 깨달았다.

　'결단력이 이렇게 힘을 주는구나. 이전에는 결단력의 의미를 몰랐는데 이제 알 것 같아. 진작 이렇게 살았다면 더 큰 일을 많이 했을 거야.'

　벼룩은 드디어 절벽 가장자리에 섰다. 꿈에서 그랬던 대로 긴장을 풀고 모든 힘을 다리에 불어넣었다. 그렇게 다리에 힘을 주었다 뺐다 연습을 해보니 이전과 전혀 다른 느낌이었다. 다섯 개의 발목마디에 힘을 골고루 분산시키고 몸 안의 모든 힘을 다리에 집중하도록 했다. 눈은 정면을 향하고 등에 붙은 감지시스템이 잘 작동되는지 다시 한 번 최종 점검을 마쳤다. 이제 정말 뛰기만 하면 되었다. 그렇게 가까이 들리던 개구리 소리도 들리지 않았고 바람도 잠시 멎은 듯했다.

　그 순간 그는 자기도 모르게 이렇게 외쳤다.

　"이얏!"

　그 소리가 귓전을 때리자 자신의 몸은 이미 공중 높이 솟구쳐 올라 있었다. 동시에 다리에 긴장을 풀고 공기 마찰이 최소가 되도록 했다. 얼마나 높이 날아올랐던지 땅이 아주 작아 보일 지경이었다. 병 속에 갇혀 살던 기억은 이제 의식 저편으로 아득히 사라져 가는 듯했다.

"히야! 이렇게 뛸 수 있는 것을 내가 그렇게 두려움에 떨었단 말인가?"

그런 생각을 하고 있는데 등에 붙은 감지시스템에서 소리가 들려왔다.

'착륙 준비 완료! 삐삐삐~'

"우와! 드디어 해냈구나, 해냈어! 이게 진짜 내 모습이야! 정말 꿈에서나 이루어질 일이 현실이 된 거야! 이날까지 난 바보로 살았어. 내게 이런 잠재력이 있는 줄 까맣게 잊고 살았어. 지난날 살아온 내 모습을 생각하니 너무 후회스러워. 이제부터는 진짜 내 모습대로 살 거야."

예전의 모습을 되찾은 벼룩은 그 어느 때보다도 자신감에 충만한 삶을 살게 되었다. 매사에 자신감을 가지고 도전한다면 안 되는 일도 되게 할 수 있다는 참으로 중요한 사실을 깨닫게 되었다.

그러던 어느 날, 벼룩은 노랗게 유채꽃이 만발한 들판으로 놀러 나갔다가 한 무리의 벌들을 만났다. 벌들은 그들 몸에 달린 날개를 쉴 새 없이 움직이며 공중 곡예를 하고 있었다. 꿀을 찾아 이 꽃 저 꽃 옮겨 다니는 모습이 마치 유연한 춤을 추는 듯 아름다워 보였다.

한동안 그 모습을 바라보던 벼룩은 자기도 모르게 벌이 한창 꿀을 따고 있는 곳으로 폴짝폴짝 뛰어갔다. 벼룩이 뛰어 다가가자 벌이 놀란 듯 소리를 질렀다.

"앗! 너는 누구니?"

"나는 벼룩이라고 해. 너는 꿀벌 맞지?"

꿀벌은 고개를 끄덕였다. 그리고는 여전히 신기하다는 눈빛으로 벼룩의 모습을 이리저리 살폈다. 아마도 태어난 지 얼마 안 된 신출내기 벌인 것 같았다.

"벼룩이라고? 나는 너같이 생긴 곤충은 처음 봐. 너는 날개가 없니?"

"맞아. 나는 날개가 없어. 그래서 너처럼 날개 있는 곤충들이 부러워."

"그런데 참 신기하구나. 벼룩아, 너는 무슨 재주로 날개도 없으면서 그처럼 붕붕 높게 날 수 있니?"

"무슨 소리야, 내가 난다고? 나는 그저 튼튼한 뒷다리를 이용해서 내 몸의 수십 배 이상 높이 뛸 수 있을 뿐이야. 날개가 없으니까 높이 올라 잘 보인다 싶다가도 금방 지상으로 내려와야 해.”

“그렇구나. 하지만 나는 네가 부러워. 나는 공중에 떠 있으려면 두 날개를 ‘윙’ 소리가 날 정도로 바삐 움직여야 돼. 온 종일 날개를 움직여 봐. 기진맥진해. 꿀 한 방울 모으려면 수백 종의 꽃을 찾아가야 하거든. 나도 너처럼 높이 뛰어오를 수 있는 재주가 있다면 하루 종일 힘들게 날개를 움직이지 않아도 될 텐데.”

꿀벌은 그렇게 말하고는 다른 꽃을 찾아 훌쩍 날아가 버렸다. 꿀벌과 헤어진 후, 벼룩은 깊은 생각에 빠졌다.

‘그래, 날개가 없어서 비행을 하지 못한다는 생각은 어리석은 편견일지 몰라. 그런 편견에서 벗어난다면 나는 벼룩사회 최초로 날개 없이 비행에 성공한 벼룩이 될 수도 있을 거야. 과연 내가 할 수 있을까? 물론 할 수 있어. 스스로 못 한다는 한계에 자신을 가둬서는 안 돼. 그건 스스로 병 속으로 들어가 병 높이만큼만 뛰겠다고 하는 것과 다를 바 없어. 남들이 안 하니까 나도 안 한다는 안일한 생각도 버려야 해. 그래, 날자! 나도 날 수 있다!’

이렇게 마음먹은 벼룩은 ‘날개 없이도 날 수 있는 방법’에 대해서 연구하기 시작했다. 세상 물정 모르는 어린 꿀벌의 한 마디가 벼룩에게는 남들과 다른 목표에 도전할 수 있는 창의력과 도전 정신을 불러일으킨 것이다.

벼룩은 먼저 자신의 장단점을 제대로 파악하는 일부터 시작했다. 벼룩의 장점은 튼튼한 뒷다리였다. 5개의 발목마디에 힘을 주고 뛰어오르면 최대 자기 키의 100배 이상 뛰어오를 수 있었다. 또한 하루에 몇백 번이고 쉬지 않고 연달아 뛸 수 있는 지구력도 벼룩의 큰 장점 가운데 하나였다. 그렇다면 단점은 무엇일까. 당연하게도 벼룩에게는 날개가 없었다. 날고자 하는 이에게 그보다 더 큰 약점이 있을까. 다음으로 한번 뛰어올랐을 때 체공 시간이 짧은 것도 단점으로 지적할 수 있는 사항이었다.

벼룩은 자신이 파악한 장단점을 토대로 각각의 개선점과 보완점을 구체적으로 연구했다. 우선 자신이 갖고 있는 장점을 최대한 살리되, 연습을 통해 실력을 업그레이드하기로 했다. 그리고 날개가 없어서 체공 시간이 짧은 단점 역시 날개의 역할을 대신해 줄 수 있는 옆구리 근육과 등에 붙은 감지시스템의 도움을 받기로 했다. 벼룩 스스로 연구를 시작하면서 알게 된 사실은 아주 먼 옛날 벼룩의 조상들에게는 날개가 있었다고 하는 것이다. 그러다가 점점 퇴화되어 없어지고 대신 점프를 잘할 수 있도록 옆구리 근육이 발달했다고 한다.

'나의 튼튼한 근육이 없어진 날개의 역할을 대신해 줄 거야.'

벼룩은 그렇게 믿었다. 등에 붙은 감지시스템의 경우 착지할 장소를 정확하게 컨트롤할 수 있게 해주는 만큼 벼룩이 새로운 기술을 익히는 데에도 큰 도움이 될 것이 분명했다.

이제 남은 것은 연습에 연습을 거듭하여 자신만의 독창적인 생각을 실천에 옮기는 일이었다. 벼룩은 매일 아침 일찍부터 밤늦게까지 '날개 없이도 날 수 있는 점프 기술'을 연마했다. 우선 최대한 높이, 그리고 멀리 뛰어오를 수 있도록 연습했다. 다음에는 어깨 근육과 감지시스템을 이용하여 공중에서 몸을 비틀어 체공 시간을 늘리는 연습을 했다. 마지막으로 착지 후 최대한 짧은 시간 안에 다시 뛰어오를 수 있는 민첩성을 개발했다. 이 세 가지 연속동작이 3박자가 되어 딱 맞아 떨어지자 벼룩이 목표한 대로 '날개가 없어도 날 수 있는' 상태의 독특한 점프 동작이 완성되었다.

'드디어 해냈다!'

그것은 벼룩이 남과 다른 생각으로 창의력을 발휘하고, 수없이 반복되는 연습을 끝까지 포기하지 않고 몸부림친 결과였다.

벼룩은 자신이 개발한 새로운 점프 동작을 어떻게 하면 벼룩 친구들은 물론 다른 곤충들에게도 선보일 수 있을까 기회를 기다리고 있었다. 그러던 어느 날 길에서 우연히 개미 한 마리를 만나게 되었다. 마침 그 개미는 자신의 몸무게보다 몇 배나 큰 짐을 짊어지고 가는 중이었다.

"이야, 소문이 사실이었군요."

벼룩이 개미에게 말을 걸자, 개미가 가던 길을 멈추고 돌아봤다.

"소문? 무슨 소문?"

"내가 듣기로 개미들은 자신의 몸무게보다 몇 배가 넘는 짐도 거뜬히 등에 지고 간다고 들었습니다. 내 눈으로 직접 보기 전에는 그 사실을 믿지 않았는데, 지금 보니 사실이군요."

벼룩의 말을 듣고 으쓱해진 개미는 약간 거만한 표정으로 말했다.

"사실이고말고. 나는 내 몸의 최대 5배까지도 무거운 짐을 들 수 있지."

"우와, 정말이요? 대단하십니다."

벼룩의 칭찬에 한껏 기분이 좋아진 개미는 벼룩에게도 호감을 표시했다.

"나도 소문을 듣기는 했는데 말이야."

"무슨 소문이요?"

"너희 벼룩은 자기 키의 몇십 배나 높이 뛸 수 있다고 하던데 사실이야?”

벼룩은 회심의 미소를 지어보이며 말했다.

“사실이지요.”

그러자 개미가 의심스러운 눈초리로 벼룩을 바라보며 말했다.

“내 눈으로 직접 보기 전까지는 믿지 못하겠어.”

“그렇습니까? 그럼, 제가 직접 시범을 보여드리도록 하지요.”

벼룩은 그 자리에서 다리에 힘을 모아 힘껏 뛰어올랐다. 그냥 제자리 뛰기였는데도 무려 100배의 높이를 훌쩍 넘겨버린 대단한 점프였다.

“우와, 사실이었구나!”

감탄해하는 개미의 모습을 본 벼룩은 용기를 얻었다.

“실은 이런 제자리 뛰기 기술은 저희 벼룩이라면 누구나 할 수 있는 쉬운 기술입니다. 하지단 저는 좀더 특별한 뛰기 기술이 있습니다. 한번 보시겠습니까?”

“좋아, 어디 한번 보자꾸나.”

개미가 흔쾌히 고개를 끄덕였다.

‘드디어 내 실력을 보여줄 기회가 왔다!’

벼룩은 그 동안 연마한 ‘날개 없이 날 수 있는 점프 기술’을 선보일 작정이었다. 혼자서 연습할 때는 완벽하게 되었지만, 누군가 보는 앞에서 하는 것은 처음이라 조금 긴장이 되었다.

"이얍!"

벼룩이 힘찬 구령과 함께 뛰어올랐다. 최대한 높고 멀리 뛰어오른 뒤에 공중에서 몸을 비틀며 체공 시간을 늘렸다. 그것만으로도 그 어떤 벼룩보다도 더 오래 공중에 떠 있는 것이었다. 그리고 바닥에 착지한 후에는 마치 다리에 스프링이 달린 것처럼 한 치의 지체도 없이 다시 한 번 공중으로 뛰어올랐다. 그 연속동작이 얼마나 빠르고 완벽한지 그것은 흡사 날개 달린 곤충이 날아올라 이동하는 모습처럼 보였다. 그 모습을 지켜본 개미는 자신의 눈을 의심했다.

"너한테 혹시 날개가 달려 있는 거 아냐?"

시범을 마치고 돌아온 벼룩에게 개미가 놀랍다는 표정으로 물었다.

"아니오. 보시다시피 저에게는 날개가 없습니다. 튼튼한 뒷다리뿐이지요."

"그런데 어떻게 그런 동작을 취할 수 있지? 네 점프 동작은 마치 공중을 비행하는 것 같더구나."

"그렇게 봐주시니 감사합니다."

벼룩은 성공적인 데뷔 무대를 치른 것 같아 기뻤다.

"혼자 보기에는 아까운 재주로구나. 네 그 재주를 여러 곤충들이 볼 수 있게 해야겠다."

개미가 한 말은 빈말이 아니었다. 그날 이후로 개미는 어디를 가든지 자신이 본 '비행벼룩'의 이야기를 하고 다녔다. 그 소문은 큰 숲을 지나 먼 마을에까지 퍼지게 되었다.

"안녕하십니까? 여기가 '비행벼룩' 님이 사시는 곳입니까?"

하루는 벼룩에게 손님 벼룩이 찾아왔다.

"제가 그 벼룩입니다만, 누구십니까?"

"아, 그러십니까? 반갑습니다. 저는 '벼룩 서커스단'의 단장이올시다. 당신을 우리 서커스단의 단원으로 스카우트하려고 왔습니다."

"벼룩 서커스단이요?"

벼룩은 말로만 듣던 그 유명한 벼룩 서커스단이 자신을 스카우트하기 위해 직접 찾아왔다는 사실이 믿기지 않았다.

"좋아요! 기꺼이 서커스단의 일원이 되겠어요!"

벼룩은 길게 생각할 것도 없이 당장 제안을 받아들였다. 꿈속에서 보았던 커다란 무대 위에서 자신의 비행 점프 실력을 선보일 생각을 하니 벌써부터 가슴이 두근거렸다. 수많은 벼룩과 곤충들의 함성이 들리는 듯했다.

비행벼룩은 단숨에 스타가 되었다. 한때 병에 갇혀다가 운 좋게도 먼저 탈출한 벼룩 친구가 축하 메시지를 보내주었다. 비행벼룩은 이제 유명인사가 되었다.

어느 날 저녁, 친구 벼룩이 비행벼룩을 찾아왔다.

"비행벼룩아, 오랜만이야! 입단을 정말 축하해!"

"응, 고마워. 어서 와."

"비행벼룩이 이제 네 별명이 되었구나. 그 서커스단에 입단하기가 얼마나 어려운데 거기엘 들어가다니! 그 서커스단에 들어가는 것은 가문의 큰 영광이야. 지금도 난 눈에 선해. 네가 병에 갇혀서 꼼짝 못할 때 모습 말이야. 그땐 정말 네 삶이 그 안에서 그대로 끝나는 줄 알았지 뭐야."

"그래, 나도 그렇게 생각해. 지금 생각해도 꿈만 같아."

"모든 벼룩들이 널 지켜보고 있어. 난 너 같은 친구를 둔 게 자랑스러워. 계속 연습 많이 해. 벌써부터 네 기술을 벤치마킹하려고 수많은 동료들이 따라오고 있어. 전국의 벼룩들이 공중비행 시간을 더 늘리려고 혈안이야.”

“응, 알고 있어. 벌써부터 스트레스를 받고 있어 걱정이야. 네가 옆에서 많이 도와줘. 난 지금 공중비행 시간을 늘리는 것뿐 아니라 곡예기술까지 개발하고 있어.”

“그래, 이제 늘 한 발 앞서가는 기술을 개발해야 해. 그래야 살아남을 거야. 널 믿는다. 계속 지켜볼게.”

친구 벼룩이 돌아가고 나서 비행벼룩은 눈을 감고 펼쳐질 앞날을 상상해 보았다. 이전보다 고민의 날이 더 많아질 거라고 생각하니 답답한 기분이었다.

벼룩 서커스 단원이 된 비행벼룩의 삶은 이전의 삶과는 너무도 달랐다. 화려하고 윤택한 생활이었다. 무엇보다도 그의 주위에는 쟁쟁한 실력을 가진 벼룩들이 넘쳐났다. 기껏해야 두세 마리가 활동하는 소규모의 벼룩 서커스단에 비해 비행벼룩이 속한 벼룩 서커스단은 사람세상에까지 소문이 난 대규모 서커스단으로 전국 각지에서 모인 소속 벼룩 단원만 해도 100마리가 넘었다. 매우 큰 조직이었다.

벼룩 서커스단은 어디를 가나 환영받았다. 비행벼룩은 단원들과 함께 관중들로부터 갈채를 받는 것이 기뻤다. 그러나 그런 기분은 오래가지 않았다. 서커스단은 워낙 큰 조직이 한번 이동하는 데 몇

날 며칠이 걸렸다. 비행벼룩은 가끔 자신이 덩치 큰 코끼리가 된 것 같은 착각이 들기도 했다. 벼룩의 기동성과는 거리가 멀었다.

게다가 비행벼룩은 자신을 구속하는 벼룩 서커스단의 여러 가지 조항들이 마음에 들지 않았다. 개별행동은 금지되어 있었다. 많은 벼룩들이 함께 생활하고 이동하다 보니 제 멋대로 행동하다가 무리에서 이탈하는 벼룩이 생길 수도 있기 때문에 간섭하는 일이 너무 많았다. 무엇보다도 힘든 것은 정해진 장소, 정해진 시간에만 비행 점프를 할 수 있다는 것이었다.

'내가 그토록 열심히 비행 점프를 연습한 것은 어디든지 자유롭게 날아가기 위한 것이었어. 내 비행 실력을 보고 감탄하고 환호하는 관객들을 보는 것이 싫은 게 아니야. 하지만 애초 내가 살고 싶었던 삶은 이런 게 아니었어.'

벼룩은 자신의 삶의 목적을 두고 진지한 고민에 빠졌다.

'나는 작지만 단순한 삶을 살 거야. 그것이 행복한 삶이야!'

오랜 고민 끝에 비행벼룩은 결정했다.

'그래! 나의 꿈을 한정된 무대 안에 가두어둘 수는 없어. 이곳을 떠나야 해. 이곳에 있으면 내 의지와는 상관없이 여러 가지 복잡한 상황에 놓이게 돼. 그게 내 진로를 가로막고 있어. 나는 좀더 가벼워

지고 싶어.'

비행벼룩은 서커스단의 동료들, 천막과 무대, 여러 가지 희귀한 서커스 장비들이 하나같이 그의 발목을 붙드는 짐으로 느껴졌다.

'비행벼룩의 생명은 기동성과 유연성 아니겠어? 나는 어디든지 자유롭게 빠르고 활기차게 움직이고 싶어. 하지만 서커스단에 계속 머물러 있다면 그런 삶을 살 수 없을 거야. 그러니까 떠나야 해. 내 점프 기술을 누군가에게 보여주기 위해서 사는 삶 그 자체가 싫어. 난 내 자신의 발전을 위해서 끝없이 노력하고 애쓸 뿐이야.'

비행벼룩이 자신의 결심을 밝히자 모든 동료가 말렸다.

"이봐, 이 화려하고 윤택한 삶을 포기할 생각이야?"

"너희들 말이 맞아. 이곳의 생활은 화려하고 윤택하지. 하지만 그게 내 자신을 나태하게 만들고 있어. 날 좀 이해해 줘. 나중에 더 멋진 모습으로 만나자."

비행벼룩은 마지막 무대에 올랐다. 여느 때처럼 관객들의 환호성이 귀를 찔렀다. 무대에 올라가기 전에 대기실에서 비행벼룩은 잠시 지난날을 생각해 보았다.

'한때 병 속에 갇혀서 얼마나 허덕였던가? 그때는 정말 죽고 싶었어. 내 모든 삶이 끝난 것 같았어. 더 이상 희망이 없고 미래가 없었

잖아. 아직도 머리에 그때의 상처가 남아 있지. 당시 얼마나 세게 점
프를 했으면 한동안 정신을 잃었겠어. 출구가 막힌지도 모르고 미련
하게 점프만 했으니… 그러니까 생각하면서 살아야 해. 똑같은 일을
반복하면 안 돼! 그러나 이제 와서 생각해 보면 오히려 그 경험이 내
겐 최고의 점프 기술을 개발하는 데 좋은 밑거름이 되었어. 어느 누
구보다도 그 경험은 내게 좋은 선생과 같았어. 경험만이 내 삶에 힘
이 되었어. 그때 나는 삶의 깊은 골짜기까지 내려간 게지. 당시 일을
생각하면 정말 아찔해. 이제 내가 최고의 점프 기술 보유자가 되었
으니 참으로 멋진 일이야.'

그때 대기실 밖에서 단장의 목소리가 들렸다.

"이봐 비행벼룩! 저 환호성 안 들려! 빨리 나가서 점프 기술을 보
여줘야지!"

"아, 네! 나갑니다!"

비행벼룩은 마지막 무대를 화려하게 장식했다. 그날따라 더 멋진,
더 화려한 기술을 선보였다. 비행벼룩은 쇼를 마친 후 무대를 내려
왔다. 그 어느 때보다도 홀가분한 기분이었다. 이제 무대와 천막 밖
의 더 넓고 큰 세상을 향해 비행할 생각을 하니 가슴이 벅차올랐다.

그 후, 비행벼룩은 비록 서커스단 소속은 아니었지만 여러 크고

작은 서커스단에 초청되어 단발 공연을 펼쳤다. 프리랜서로 일하는 것이 이전보다 더 자유스러웠다. 혼자 몸이라 어디든 자유롭게 갈 수 있었다. 스스로 더 많은 연습을 할 수 있고, 더 많은 창조적인 생각을 할 수 있어서 너무 좋았다.

한동안 넓은 초원에서 동료들과 놀면서 제2의 점프 기술을 개발할 목표를 세웠다. 점프와 동시에 나는 기술을 조화시키는 것은 비행벼룩에게는 숙원의 일이었다.

'연습만이 천재를 낳는다고 하지 않았던가? 난 단순한 삶이 좋아.'

비행벼룩은 그 기술을 생각만 해도 행복했다.

벼룩으로부터 배우는
인생 성공 비밀

1. 내 안의 나를 깨워라

벼룩은 병 속에 갇히자 그 옛날 화려했던 높이뛰기는 잊어버리고 말았다. 아무리 친구가 병 속에서 뛰어나갈 수 있다고 말을 해도 몸이 말을 듣지 않았다. 벼룩이 다시 옛날처럼 점프력을 발휘하려면 어떻게 해야 할까?

첫째, '나는 높이 점프해야만 한다'는 결단력이 필요하다.

결단력은 내가 하고자 하는 의지가 강할 때 결정적인 판단을 하거나 단정할 수 있는 능력이다. 내가 하지 않으면 안 되는 절박한 순간에 생기는 것이다. 계곡 앞에 서지 않았다면 벼룩의 결단력이 나올 수가 없었다. 벼룩이 결단을 내리는 데 개구리 떼가 한몫 단단히 한 것이다. 벼룩은 계곡 앞에서 양자택일의 지경에 놓여 있었다. 개구리 떼와 싸워서 이기든가, 아니면 계곡을 건너가든가. 당신을 쫓는 개구리 떼를 당신의 삶에 기회로 활용하라. 그 개구리 떼를 방해물로 보지 말고 오히려 한 가지 일을 결단하는 기회로 삼아라.

둘째, '나는 높이 점프할 수 있다'라는 자신감을 가져야 한다.

한때 벼룩은 자기 몸 길이의 100배 높이만큼이나 붕붕 날다시피 했다. 그런데 언젠가부터 벼룩은 더 이상 높이 뛸 수 없다는 생각의 습관에 젖어버린 것이다.

자신감을 살리려면 어떻게 해야 하는가? 벼룩은 한번 계곡을 건너 뛰어보고 나서 자신감을 얻었다. 단 한 번의 적극적인 생각과 행동으로 자신감을 회복하게 되었던 것이다. 소극적인 생각만으로는 자신감을 되살릴 수 없다.

셋째, '나는 높이 점프하겠다'는 행동력이 필요하다. 벼룩이 아무리 결단력을 가져도 행동에 옮기지 않으면 그냥 생각으로 끝날 뿐이다. 나의 능력을 믿고 내가 아는 바를 적극 행동에 옮겨야 한다. 벼룩이 계곡 앞에서 높이 점프를 시도했을 때 비로소 그의 잠재력이 행동으로 나타났던 것이다.

2. 창의력을 발휘하라

미국의 켄터키 주에 있는 맘모스 동굴 국립공원Mammoth Cave National Park에 흐르는 에코 강에는 소경 딱정벌레, 소경 가재, 눈 없는 물고기 등 기괴한 생물들이 서식하고 있다. 왜 그들은 보지 못할까? 그 이유는 동굴 안이 어둡기 때문에 창조주가 그들에게 준 눈을 사용하지 않았기 때문이다. 이렇듯 우리 몸 속의 재능도 사용하지 않으면 녹슬거나 퇴보하는 것이다.

"지구상에서 가장 개발이 늦는 암흑지대는 아프리카나 시베리아가 아니라 바로 당신 모자 밑"이라는 유머가 있다. 머릿속이야말로 가장 낙후된 개발지역이라는 의미이다.

벼룩은 날개가 없지만 나는 방법을 개발했다. 창의력이 뛰어난 것이다. 날마다 다리 힘을 키워서 높이 뛰는 연습을 했다. 벼룩이 벌을 보고 날개 없는 것을 한탄만 했다면 그는 높이 뛸 수 없었을 것이다. 창의력은 우연히 나오는 것이 아니라 오랜 경험과 수많은 연습과정에서 나오는 것이다.

창의력은 종종 주변의 사물이나 곤충, 동물들을 통해서도 생기거나 발휘되기도 한다.

다윗 왕은 평소에 거미를 아무짝에도 쓸모가 없는 보잘것없는 벌레로 생각하고 있었다. 뿐만 아니라 때와 장소를 가리지 않고 아무 곳에나 거미줄을 치는 불결한 놈으로 생각했다.

그런데 언젠가 그가 전쟁터에서 적군에게 포위되어 위기에 빠지게 되었는데, 살아날 방도가 없었다. 다급해진 그는 어느 동굴 속으로 급히 몸을 피해야만 했다. 그런데 마침 거미 한 마리가 그 동굴 입구에 거미줄을 치기 시작했다. 뒤쫓아온 적군 병사들이 마침내 그 동굴 앞까지 다다랐으나, 그들은 거미줄을 보자 사람이 출입하지 않는 동굴로 판단하고 다른 곳으로 가버림으로써 다윗 왕은 목숨을 건지게 되었다.

3. 삶의 기술을 터득하라

작가 엘버트 허버드E. Hubbard는 "대체적으로 모든 일을 골고루 잘할 수 있는 사람은 대단히 평범한 사람이다"라고 했다. 적어도 벼룩은 보통 곤충과는 다르게

많은 연습을 한 동물이다. 좋은 행동이 쌓이면 좋은 습관이 되고, 좋은 습관이 쌓이면 좋은 기술이 되는 것이다.

"사람은 다 비슷하다. 그러나 습관이 사람을 아주 다르게 만든다." 라는 말처럼 한번 형성된 나쁜 습관이 변화되려면 몇십배의 새로운 좋은 습관이 생겨야 가능하다.

필자는 지금까지 인생을 살면서 좋은 습관을 지니려고 노력했기에 인생에 많은 변화를 가져올 수 있었다.

첫째, '단순한 삶'을 생각하는 습관을 길렀다. 단순한 삶의 목적과 집중력으로 한번 결정한 일은 끝까지 파고들어 단시일에 많은 것을 이루어 내었다. 한번 결정하면 뒤돌아보지 않고 그 끝까지 달려갔다. 이를 통해 행복한 삶을 찾았고, 일평생 할 일을 찾아서 늘 즐겁다.

둘째, 생각한 바를 그때그때 메모하는 습관을 길렀다. 메모하는 습관이 나에게 준 보상은 형용할 수 없을 정도로 크다. 그에 힘입어 내 직업을 따로 갖고 있으면서도 모두 8권의 책을 저술하게 되었고, 70여 편의 기술논문을 게재할 수 있게 되었다.

셋째, 정보를 나누는 습관을 길렀다. 그 결과 다양한 책을 집필했다. 정보를 가공하는 힘, 정보를 확보하는 힘, 정보를 전달하는 힘—이 모든 것은 정보를 나누겠다는 습관에서 나온 것이다.

4. 단순한 삶을 살아라

어느 날 미꾸라지 한 마리가 뱀장어를 만나게 되었다. 자신의 모습이 너무 초라했다. 시골 개울에서 자란 미꾸라지는 자기 몸보다 수백 배나 큰 뱀장어를 보고 물었다.

"뱀장어 씨, 도대체 무얼 먹었길래 그렇게 몸집이 큽니까? 강에서 자라면 그렇게 커집니까? 보아하니 조상도 똑같은 것 같은데, 그 비법을 좀 가르쳐 주세요."

뱀장어가 말했다

"글쎄, 우리 동료들은 다 이렇게 몸집이 좋아. 특별한 비법은 없어."

미꾸라지가 웃으면서 말했다.

"그럼 저도, 강에 가서 자라면 얼마든지 클 수 있겠네요? 고마워요, 뱀장어 씨."

미꾸라지가 뱀장어가 되려고 하면 그때부터 생각이 복잡해지고 인생이 힘들어진다. 사람은 언제 단순한 삶을 살 수 있는가? 삶의 목적이 분명할 때 단순한 인생을 살 수 있다. 개미가 벼룩의 흉내를 내려고 고민하면 할수록 삶이 복잡해진다. 벼룩이 뛰는 것을 그만두고 개미가 하는 일을 한다고 상상해 보라. 그때부터 인생은 뒤얽히는 것이다.

삶이 복잡할수록 목적을 찾고 분명하게 적어보라. 그러면 삶이 단순해질 것이다.

- 나는 일평생 가난한 사람들을 돕기 위해 일하겠다.
- 나는 지구촌 인류의 행복을 위해 최고 성능의 컴퓨터 소프트웨어를 개발하겠다.
- 나는 세계 인류의 건강을 위해 의술을 개발하겠다.
- 나는 지구촌 사람들의 자기계발을 위해 일생 동안 교육 프로그램을 개발하고 혁신해 나가겠다.

★ 인생 성공 비밀 ★

1. 내 안의 나를 깨워라

● Check Point

내 안의 나를 이끌어내기 위해서는 생각을 행동으로 옮겨야 한다. 새로운 일에 대한 도전을 두려워하지 말고 결단력 있게 행동하라. 보다 구체적인 실천을 위해서 지금 나에게 필요한 것이 무엇인지 점검하라.

2. 창의력을 발휘하라

● Check Point

스스로 해야 할 일을 매일 생각하라. 그리고 그것을 행동에 옮기기 위해 얼마나 노력하고 있는지 돌아보라. 창의력이란 어느 날 갑자기 생기는 것이 아니라, 바로 그러한 꾸준한 노력에서 비롯되는 것이다.

3. 삶의 기술을 터득하라

● Check Point

삶을 살아가는 기술은 좋은 습관에서 비롯된다. 나는 어떤 습관을 가지고 있으며, 좋은 습관을 몸에 익히기 위해서 어떠한 노력을 기울이고 있는지 살펴보라.

4. 단순한 삶을 살아라

● Check Point

단순한 삶이란 삶의 목적이 분명한 삶이다. 나의 목적이 무엇인지 우선순위를 매기고, 목적달성을 위해 효율적인 시간관리 계획을 세워라.

수개미는 몸의 변화가 가장 적고 날개가 달려 있다. 암컷인 여왕개미는 몸집이 크고 생식기관이 잘 발달돼 있고 배가 크다. 날개는 있으나 혼인비행 후에 날개를 부러뜨린다. 일개미는 육식성이어서 각종 곤충이나 거미 등을 먹이로 잡으며 때로는 원숭이, 돼지, 조류도 쓰러뜨린다. 이처럼 열정적으로 일을 하는 일개미가 있는가 하면, 병정개미는 외적을 방어하거나 어슬렁거리며 망보는 역할을 도맡아 하며 몸집이 매우 크고 머리와 큰 턱이 발달되어 딱딱한 먹이를 잘게 부수는 특장이 있다.

개미들은 일을 효율적으로 하기 위한 철저한 정보교환 시스템과 먹이를 찾아가는 놀라운 감지 시스템을 잘 갖추고 있다. 뛰어난 전문성을 발휘하며 필요할 때에는 긴밀하게 협동하고 위급할 때에는 신호체계를 운영해서 위험 부담을 최소화하고 있다.

내 안의 '열정'을 깨워라

개미 이야기 

어느 날 암개미가 여왕 등극을 앞두고 수개미들을 한데 불러 모아 놓고 선언했다.

"오늘은 내가 여왕이 되는 날이오. 내가 공중비행을 할 때 모든 수개미들은 남편 후보감이 될 수 있소. 그러나 단 한 마리뿐이오. 확률로 보면 100분의 1이 될지 모르겠소. 임의로 수개미 한 마리를 지정할 수도 있지만 조상들이 그래왔던 것처럼 나도 공평하게 남편을 맞을 것이오. 혼인비행 시간은 아주 짧소. 신혼여행 기간은 1분이 채 안 될 것이오. 그리고 잊지 말아야 할 게 하나 있소. 혼인비행을 하게 되는 수개미는 공중낙하를 마지막으로 그 자리서 죽게 될 것이오. 나는 공중에서만 잠깐 남편을 볼 뿐이오. 그걸 명심하시오. 여러분 중에 누가 내 남편 후보자가 될 것인지 손을 들어 자신의 생각을 말하시오.”

그러자 그 자리에 모인 모든 수개미들이 손을 들었다.

“저요! 저요! 저요!”

“나와 단 하루를 살아도 좋다는 말이오? 역시 그대들은 자랑스러운 수개미들이오.”

수개미들이 일제히 고함을 질렀다

“예, 좋습니다. 단 몇 초라도 좋습니다.”

여왕이 안타까운 듯 말했다.

“나와 단 몇 초를 살아도 좋다는 말이오? 갸륵하오. 나를 택하지 않으면 3~6개월을 살 수 있는데, 그런데도 모두 나를 택하다니. 내 남편은 딱 한 마리뿐이오. 그것이 우리 전통이니 어쩔 수가 없소.”

마침내 시간이 되어 여왕개미가 공식 명령을 내렸다.

“모든 수개미들은 들으라. 여러분이 출발함과 동시에 이 여왕도 따라서 공중비행을 할 것이다. 누구든 가장 왕성하게 날아오르는 수개미가 내 남편이 된다. 곧이어 나는 새로 맞이한 남편과 혼인비행을 실시할 것이다. 자, 출발!”

그러자 수개미들이 일제히 공중으로 날아오르기 시작했다.

가장 높이 오른 수개미가 여왕을 향해 소리쳤다.

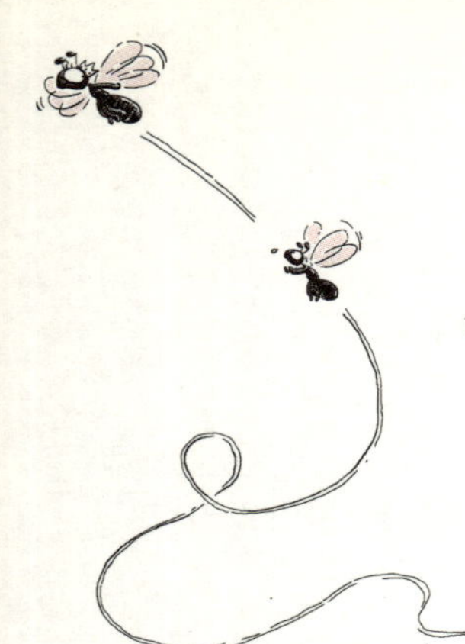

"여왕님, 저는 오늘 이날을 맞이하기 위해 살았습니다. 매일 밤 동료들이 잠들 때 저는 비행연습을 했습니다. 단 하루 여왕님과 혼인비행을 위해 3개월을 연습을 했답니다. 이제 그 기회가 제게 왔습니다. 여왕님 저와 결혼해 주십시오."

"정말 고맙소. 내 기꺼이 그대와 혼인하리다. 나와 단 하루, 아니 단 몇 초 동안 살기 위해 그렇게 고생하셨다니 마음이 아픕니다. 짧은 혼인비행이지만 일평생 잊지 않고 그대를 기억하겠소."

"여왕님, 감사합니다. 부디 오래 사셔서 개미왕국을 튼튼하게 하옵소서. 그럼…"

수개미는 그렇게 단 하루 동안의 아름다운 여정을 보내고 숨을 거뒀다. 자신을 희생해서 종족을 보존하기 위한 씨를 남기니 일생 중에 가장 큰 일을 한 셈이다.

이렇게 수개미의 희생으로 수많은 생명을 잉태한 여왕개미는 자신의 날개를 부러뜨리는 처절한 고난 속에서 수천 마리의 알을 낳아 개미왕국을 형성했다.

"나는 비록 좁고 어둠침침한 단칸방에 있지만 왕국의 주인이 되어야 하오. 그리고 계속 알을 낳아 일개미 수를 크게 늘려야 하오. 나는 무리의 힘을 알고 있소. 나는 열정을 다하여 여왕개미의 임무를 다할 것이오."

여왕개미는 스스로 이렇게 다짐하는 것이었다.

이렇게 탄생한 개미왕국의 수많은 일개미 중에 유독 부지런한 개미가 있었다. 체구는 비록 작지만 어찌나 열심히 일을 하는지 동료 개미들은 그를 '열정개미'라고 불렀다. 열정개미는 언제나 자기 몸보다 몇 배나 큰 짐을 지고 운반하는 것을 즐겼다. 대부분의 개미들이 그렇게 하고 있었지만 열정개미는 매번 좀더 큰 짐을 지려고 애를 썼다. 그러다 보니 처음 먹이를 구하러 나갔을 때는 겨우 자신의 머리만 한 과자 부스러기를 주워오는 것이 전부였지만, 지금은 자기 몸보다 두 배는 더 큰 죽은 벌레도 너끈하게 지고 올 수 있었다. 열정개미는 자신이 커다란 먹이를 짊어지고 돌아올 때마다 매우 만족스러운 표정을 지어주시는 여왕개미의 얼굴을 보며 더욱 힘이 솟구치는 것을 느꼈다.

"나의 어여쁜 자손아, 우리 동족을 위해 열심히 먹이를 져 나르는 네 모습을 보니 무척 흐뭇하구나. 곧 알에서 깨어날 네 동생들이 그 먹이를 먹고 무럭무럭 자라날 것이다. 나 역시 그 먹이를 먹고 더 많은 알을 낳아야겠다. 그래서 우리 왕국이 이웃의 어떤 왕국보다 더 강성한 나라가 될 수 있도록 하겠다.”

“여왕 폐하께서 그리 칭찬해 주시니 몸둘 바를 모르겠습니다. 더욱 열심히 일하도록 하겠습니다.”

그 뒤로 열정개미의 일 욕심은 더욱 커졌다.

개미왕국에 국경일이 다가왔다. 이날은 선조 개미들의 업적을 기리며 그 동안 모아놓은 맛있는 먹이를 마음껏 나누어 먹는 날이었다. 다른 개미들도 마찬가지였지만, 열정개미는 특히 이날을 좋아했다. 자신의 노력으로 풍성해진 식탁을 동료들과 함께 나누는 것이 무엇보다 즐거웠다. 잔치 분위기가 무르익었을 때, 최고참 개미가 연단으로 나섰다. 선조 개미의 활약상을 이야기해 주기 위해서였다.

“오늘은 사람을 구해 낸 우리 선조의 이야기를 해볼까 합니다. 옛날 인간사회에서 아주 이름난 장군이 한 분 계셨습니다. 그가 처음으로 전쟁에 패하여 부하들과 함께 동굴로 숨어들게 되었습니다. 너무나 분하고 치욕적인 생각에 장군은 부하들을 모두 죽이고 자기도 따라 죽으려고 칼을 빼어들었습니다. 그 순간, 장군의 눈앞에 우리 선조개미가 나타났습니다. 그때 선조개미는 마침 자기보다 덩치가 몇 배나 큰 양식을 짊어지고 나르는 중이었습니다. 그런데 그 큰 짐을 줄도 매지 않고 업고 가는지라 비틀거리면서 넘어지고 또 넘어졌습니다. 장군은 그 모습이 하도 신기하여 졸졸 따라갔습니다. 결국 우리 선조개미는 69번을 실패하고 70번째에야 목적지에 도달하였습니다. 그것을 보고 장군은 크게 뉘우치고 깨달은 바 있어 자결하지 않고 동굴을 나왔다고 합니다. 그리고는 마음속으로 이렇게 외쳤습니다. '개미는 69번을 실패하고도 70번째에 기어코 목적지에 도착하지 않은가? 그런데 나는 이제 겨우 한 번 실패하고는 스스로 목숨을 끊을 생각을 하다니!' 그 후로 장군은 우리 선조개미처럼 실패를 두려워하지 않고 더 큰 목표를 향해 나아가 후대에 큰 이름을 남긴 위인이 되었다고 합니다. 여러분 어떻습니까? 우리 선조개미의 업적이 자랑스럽지 않습니까?"

"자랑스러워요!"

"개미사회의 큰 공적이에요!"

개미들 사이에서 감탄 섞인 발언들이 흘러나왔다. 그 중에서도 열정개미가 받은 감동은 말로 표현할 수 없는 것이었다.

'개미 한 마리가 인간사회의 장군 목숨을 건졌단 말이지? 우와, 정말 대단해! 무엇보다도 자신의 몸보다 몇 배나 큰 짐을 옮기기

위해 69번을 실패하고도 포기하지 않은 그 불굴의 의지를 본받아야겠다.'

열정개미는 선조개미의 이야기를 교훈 삼아 앞으로 더욱 열정적으로 일하겠다고 다짐했다.

개미사회에는 열정개미처럼 누가 보든지 말든지 주어진 일에 자신의 온 힘을 쏟는 개미가 있는가 하면, 드러내놓고 게으름을 피우는 개미들도 있었다. 특히 이번에 새로 태어난 신참 일개미들은 각자 개성도 뚜렷하고 젊은 혈기가 넘치는 친구들이긴 했지만 일하는 즐거움을 모르고 있었다.

그런 동료들과 함께 일하는 것이 열정개미에게는 고역이었다. 다른 개미들은 뜨거운 태양 아래서 짐을 나르고 있는데도 어슬렁거리며 대충 일을 하거나 아예 자기들끼리 삼삼오오 모여 수다를 떨며 놀았다. 고참 개미들이 눈치를 주어도 아랑곳하지 않고 그저 노는데 정신이 팔려 있었다. 그걸 보고 열정개미가 속상해하는 날이 하루 이틀이 아니었다. 때로는 혼자 이렇게 중얼거렸다.

'일의 신성한 가치를 모르는 친구들과는 아예 상대하지 말자.'

그러면서 열정개미는 혼자서 묵묵히 젊은 친구들 몫까지 다 하는 것이었다.

 마침내 큰일이 벌어지고 말았다. 일부 젊은 개미 친구들이 주축이 되어 '태업怠業'이라는 집단행동에 들어간 것이다. 그들은 일을 대충대충하는 것도 모자라 아예 일을 하지 않겠다고 선언하고 나섰다. 열정개미를 비롯한 고참 개미들은 무척 당황해했지만 그들을 어떻게 설득해야 할지 막막하기만 했다.

 결국 젊은 개미들의 무질서하고 불법적인 집단행동에 대한 보고가 여왕개미에게까지 들어갔다. 여왕개미는 당장 그들을 한 명도 빠짐없이 데려오라고 명령했다. 몇몇 개미들은 여왕개미가 그들에게 추방 명령을 내릴지도 모른다고 수군거렸지만, 현명한 여왕개미는 그들을 꾸짖기 전에 허심탄회하게 대화할 수 있는 자리를 마련했다.

 "너희들의 불만이 무엇인지 말해 보거라."

 여왕개미가 자애로운 표정으로 물었다. 그러자 젊은 개미들의 대표가 말했다.

 "여왕님, 우리는 일평생 이렇게 짐 옮기는 일만 합니까? 양식을 등에 지고 쉬지 않고 살아야 합니까? 그런 생각을 하면 벌써부터 지겨워집니다."

 "일을 하기 싫다고! 왜 일을 하기 싫은가?"

"그게 아니고요. 허구한 날 같은 일을 매일 반복하니까 좀 싫증이 나서요. 다른 일을 좀 만들어 주십시오."

"그래? 그렇다면 오늘부터 너희들에게 왕국의 외곽을 지키는 경비 업무를 맡기도록 하겠다. 한번 해보겠느냐?"

"그거 정말 재미있겠네요. 한번 해보겠습니다!"

일부 병정개미들의 반대에도 불구하고 여왕개미는 집단행동에 나섰던 젊은 개미들을 외곽에 경비병으로 배치했다. 새로운 임무를 맡게 된 젊은 개미들은 한동안 신이 났다. 무거운 짐을 들지 않아도 되었고 그저 어슬렁거리며 돌아다니기만 하면 되었기 때문이다.

"지금쯤 다른 일개미들은 힘들게 짐을 나르고 있겠지?"

"아마 우리가 무척 부러울 거야. 경비 업무는 짐을 나르는 일에 비하면 일도 아니야."

생각만 해도 신바람이 났다. 그러나 그것도 적의 침입이 없는 평화로울 때의 일이라는 것을 아직 전쟁 경험이 없는 젊은 개미들은 알지 못했다. 그러던 어느 날이었다.

"2시 방향에 적의 침입이닷!"

망루에서 보초를 서던 병정개미가 소리를 질렀다. 그리고 얼마 지나지 않아 대장개미의 추상같은 명령이 떨어졌다.

"흰개미 떼들의 공격이다! 당장 전시태세에 돌입하라! 목숨을 걸고 입구를 지켜라!"

그러자 그때까지 별로 하는 일 없이 어슬렁거리는 것 같던 병정개미들이 일사분란하게 대형을 갖추기 시작했다. 얼굴에 비장함이 숨어 있었다. 젊은 일개미들은 너무나 당황하여 무엇을 어떻게 해야 할지 모르고 우왕좌왕하고 있었다.

"아, 어떡해. 전쟁이 났나 봐. 우리도 나가서 싸워야 하는 거야?"

"그런가 봐. 어떡하지? 너 싸울 줄 알아?"

"당연히 모르지. 아, 큰일이다!"

그렇게 발을 동동 구르고 있는 사이, 벌써 흰개미 떼가 무서운 기세로 개미집 입구를 허물고 들어오고 있었다.

"공격하라! 물러서지 마라!"

대장개미의 구령에 맞춰 병정개미들이 일제히 진격했다. 순식간에 흰개미들과 뒤엉켜 치열한 싸움이 벌어졌다. 병정개미들은 무척이나 사납고 용감했다. 평소 어슬렁거리며 경비를 설 때의 모습과는 너무나 대조적이었다. 그 단단한 턱으로 흰개미의 머리통을 한번에 박살 내는 병정개미도 있었다. 이런 무시무시한 장면을 처음 보는 젊은 일개미들은 싸움은커녕 너무나 무서워서 구석에 숨어 벌벌 떨기만

했다. 마침내 처절한 전투가 끝났다. 흰개미 떼의 침입으로부터 무사히 왕국을 지켜낼 수 있었다. 곧바로 대장개미가 여왕개미에게 보고를 올렸다.

"그래, 어떻게 되었느냐?"

"우리 병정개미들의 선전으로 적의 침입을 물리쳤습니다."

"수고가 많았도다. 우리 쪽 피해는 없었느냐?"

"안타깝게도 우리 병정개미 두 마리가 사망하고 10여 마리가 부상을 당했습니다."

"슬픈 일이도다. 그들의 희생이 헛되지 않도록 장례를 잘 치러주오. 그리고 무너진 입구 수리에 일개미를 새로 배치하도록 하시오."

"명령대로 하겠습니다."

대장개미가 물러간 후, 여왕개미는 이번 전투에 참가했던 젊은 일개미들을 불렀다.

"어떠냐. 너희들에게 새로 부여된 임무가 마음에 들더냐?"

"아닙니다. 저희는 너무나 무서워서 전투가 벌어지는 동안 한 발짝도 움직일 수 없었습니다. 다시는 전투에 참가하고 싶지 않습니다."

"그럼, 어떡하지? 짐을 나르는 일도 싫고 전투도 싫다면 더 이상 우리 개미왕국에 머물 이유가 없겠구나. 지금 당장 너희들에게 추방 명령을 내려줄까?"

"안 됩니다. 추방 명령만은 거두어 주십시오. 저희가 잘못했습니다. 이제부터 일개미로서 해야 할 일을 하겠습니다. 부디 용서해 주십시오, 여왕마마!"

"그럼, 다시 짐을 나르겠다는 것이냐? 지겹고 싫증이 날 텐데?"

"아닙니다. 절대로 그렇지 않습니다. 고마운 마음으로 열심히 저희가 맡은 일을 하겠습니다. 병정개미는 전투에 전문기술을 가지고 있고, 우리 일개미는 일을 효율적으로 하는 데 최고의 기술을 가지고 있다는 것을 새삼 깨달았습니다. 내가 가장 잘할 수 있는 일만 해야 한다는 것을 이제야 알았습니다."

"좋다. 그럼 그렇게 해라. 나는 너희들이 이번에 많은 것을 깨달았을 거라고 생각한다. 그 깨달음을 가지고 너희의 일을 열심히 하다 보면 분명 보람도 느끼고 즐거움도 느끼게 될 것이다."

"감사합니다, 여왕마마. 정말 열심히 일하겠습니다."

젊은 일개미들은 무너진 왕국 입구 수리에 투입되었다. 무거운 돌과 흙을 날라야 하는 고된 일이었지만 그들은 한마디 불평도 하지 않고 열심히 일했다. 일을 더 효율적으로 하기 위해 아이디어도 모으고 협력해서 쉽게 일하는 방법도 찾게 되었다.

이번 개미전쟁을 지켜본 열정개미도 느끼는 바가 많았다. 자신이 여왕개미의 칭찬과 선조개미의 이야기에 감동을 받아 더욱 열심히 일을 하게 된 것처럼, 젊은 개미 동료들에게도 조직 안에 리더가 없어도 스스로 열심히 일하게 하는 창조적 동기부여가 필요하다는 생각이 들었다. 그런 동기부여의 역할을 선배인 자신이 해주었어야 했다는 반성도 하게 되었다.

열정개미는 여왕개미의 지혜에 다시 한 번 감탄하지 않을 수 없었다.

연초에 여왕개미는 큰 계획 하나를 세웠다. 그것은 양식을 비축할 창고를 현재보다 300% 확장하는 것이었다. 여왕개미는 열 마리의 고참개미 사령관들을 불러놓고 1만 마리분의 양식을 저장할 수 있는 창고를 하나씩 건설하라고 명령을 내렸다.

그런데 완성 시기가 되어도 20%도 채 완료되지 못했다. 어슬렁거리고 일하는 시늉만 하는 개미가 너무 많다는 것이었다. 계획보다 너무 늦어지자 여왕개미는 다시 공사 관계자들을 불러 모았다.

"공사 진척이 너무 느리니 누구든 가장 먼저 창고를 짓는 사령관에게 특별포상금을 내리겠다"고 공표했다.

그날부터 사령관들은 밤낮으로 진두지휘를 했다. 그러나 개미들은 여전히 어슬렁거리고 기회만 되면 모여서 놀고 게으름을 피웠다. 거기다 예상치 못한 일이 벌어졌다. 서로 먼저 창고를 완공하려다 보니 날림공사가 진행되고 있다는 정보가 여왕개미에게 전해진 것이다.

이 소식을 들은 여왕개미는 또 다시 관련자들을 모이게 했다.

"소문을 듣자하니 창고 건립이 날림으로 진행되고 있다고 들었소. 일꾼들이 힘을 모으지 못하고 있다는데, 어떡하면 계획된 시간 안에 견고하고 통풍이 잘되는 양식 창고를 세울 수 있겠소?"

그러자 한 고참개미 사령관이 제안을 했다.

"평가위원회를 만들어 1주일에 한 번씩 공정한 평가를 내리면 될 것입니다."

"그거 좋은 방법이오. 그럼 평가위원은 누구를 세우면 좋겠소?"

또 다른 고참개미 사령관이 말했다.

"우리에게는 덕망 있고 실력 있는 원로 개미들이 계시지 않습니까? 그 가운데 일곱 분을 뽑아 정하시지요."

"좋소. 그렇게 합시다."

　그렇게 하여 날림공사 문제는 일단락되고 공사가 잘 진척되는 듯 했다. 철저한 평가 위주로 진행하다 보니 날림공사는 엄두도 못 내었다. 그런데 어느 날 또 이상한 소문이 나돌았다. 평가위원회 위원과 고참개미가 서로 짜고 날림공사를 눈감아 주고 허위로 평가를 내린다는 것이었다.

　여왕개미는 또 다시 고민에 빠졌다. 어떻게 하면 양식 창고를 역대 어느 창고보다 잘 지을 수 있을까? 한 개 층을 올릴 때마다 상금을 줄까? 아니면 1계급 진급을 시킬까?

　여왕은 다시 고참개미 사령관들을 불러들였다.

　"지금의 방법도 문제가 많다고 들었소. 어떡하면 내가 원하는 양식 창고를 멋지게 지을 수가 있겠소? 그래서 고심 끝에 내가 한 가지 방법을 찾아냈소. 지금까지는 모든 창고를 공동으로 사용하고 있어 유지 관리가 잘 되지 않았습니다. 지금부터는 기존의 모든 창고와 신설하는 양식 창고를 모두 각 해당 사령부 소속으로 하여 자체 운영하도록 하겠습니다. 이번 신설 창고의 경우, 건설 후에 1년간 아무 하자가 없으면 해당 사령관을 1계급 승진시킬 뿐만 아니라 그에 소속한 모든 개미들에게 2주간 특별휴가를 주겠소."

　이렇게 새로운 제도를 시행하자 관리 감독도 필요 없게 되었고,

모든 개미들과 사령관들이 일사분란하게 열심히 일해 완공 시기를 예상보다 4주나 앞당길 수 있었고, 역대 어느 창고보다 잘 지은 창고를 갖게 되었다.

모든 개미들은 그들이 몸소 지은 창고를 스스로 관리하고 사용한다는 것을 알고 힘이 났다. 거기다 잘만 지으면 2주간의 특별휴가도 갈 수 있었다. 그리하여 그들은 하나의 목표를 향해, 한마음one mind, 한 목소리one voice, 하나의 행동one doing으로 힘을 결집할 수 있었다. 이것이 바로 창조적 동기부여의 전형적인 원리이다.

세월이 흘러 개미왕국에 새로운 여왕개미가 탄생했다. 기존의 여왕개미가 매년 수천 개씩 새로운 알을 낳다 보니 개미 식구들이 너무 늘어나 더 이상 한 곳에 모여 살 수 없게 된 것이다. 결국 새로 탄생한 여왕개미를 중심으로 왕국의 일부가 새로운 터전으로 옮겨가 독립하기로 했다.

"새 여왕은 아직 젊어서 세상 물정에 어두울지 모르니 그대가 잘 보필해 주시오."

늙은 여왕개미는 이제 고참대신이 된 열정개미에게 새 여왕개미를 잘 보필할 것을 명령했다.

“분부대로 받들겠습니다.”

여왕개미가 이어서 중대 발표를 했다.

“나는 이번에 우리 왕국에서 일도 잘하고 싸움도 잘하는 일개미와 병정개미 가운데 20%를 뽑아 새 왕국으로 보내기로 했소.”

“하지만 여왕마마, 그렇게 훌륭한 일꾼과 병정들을 새 왕국에 다 내주셔도 괜찮겠습니까?”

“걱정하지 마세요. 나는 우리 개미사회에 오래 전부터 내려오는 80 : 20 법칙을 믿고 있소.”

“80 : 20 법칙이라니요?”

“우리 개미집단을 아무리 쪼개도 결국 상위 20%는 열정적으로 자신의 일을 하게 될 것이오. 사실 가장 잘하는 20%의 열정에 집중하는 것이 우리 개미왕국을 가장 효율적으로 운영하는 방법이라오. 개인도 마찬가지지. 우리들 각자가 자신이 가장 잘할 수 있는 20%에 집중한다면 보다 성공적인 삶을 살 수 있을 것이오.”

열정개미는 고개를 끄덕였다. 여왕개미가 가진 지혜의 깊이는 알면 알수록 더욱 깊고 신비로웠다.

“이제 그대가 나를 대신하여 그 지혜를 새로운 왕국에 전파해 주시오.”

"예, 잘 알겠습니다."

열정개미는 늙은 여왕개미에게 존경하는 마음을 담아 하직인사를 올리고 나왔다. 그리고 새 여왕개미를 모시고 새로운 터전을 향해 출발했다.

새 여왕개미를 모신 행렬이 길게 이어졌다. 그렇게 한참을 가다가 새 여왕개미의 무리는 맞은편에서 오는 또 다른 개미집단과 마주치게 되었다. 그 집단에는 유난히 젊고 팔팔한 개미들이 많았다. 그 집단의 우두머리가 말했다.

"우리는 지금 건넛마을에 양식을 운반하기 위해 이동 중에 있다. 그러니 길을 비켜라."

그 말을 듣고 새 여왕개미 무리 안에서 의견이 갈렸다.

"여왕님, 저들은 젊어서 전투 경력도 없는 자들입니다. 우리를 만만하게 보는 저들을 단단히 혼내 주어야 합니다. 쉽게 물러나면 계속 몰리게 됩니다. 공격 명령을 내려주십시오!"

이번에 새로 대장개미에 임명된 젊고 패기 넘치는 개미 각료가 말했다. 그러나 원로대신인 열정개미는 반대 의견을 냈다.

"여왕마마, 우리는 경험도 많고 노련한 장군도 많습니다. 그러나 대부분 우리 군사들은 싸우기를 원치 않습니다. 한번 싸우면 지든

이기든 그 후유증이 너무 큽니다. 다음에 이 길로 오지 않으면 저들을 다시 만날 일도 없습니다. 그냥 길을 비켜주고, 다음에는 다른 길을 이용하면 됩니다. 길을 비켜주었으면 합니다.”

그러자 새 여왕개미가 말했다.

“대신의 지혜를 따르도록 하겠어요. 길을 비켜주도록 합시다.”

그리하여 새 여왕개미의 무리는 아무런 충돌 없이 새 보금자리까지 무사히 갈 수 있었다.

“이제 우리 모두 힘을 합하여 새 왕국을 건설합시다! 나는 여러분의 열정을 믿습니다!”

새 왕국의 일꾼이 될 귀중한 알들을 잉태하여 몸이 무거운 새 여왕개미를 대신하여 최고 원로대신인 열정개미가 연단에 올라 선언했다. 그러자 개미 동지들이 큰 소리로 화답했다.

“새 왕국을 건설하자! 우리의 열정을 불태우자!”

이렇게 하여 다시 새로운 개미왕국의 시대가 시작되었다.

세월이 흘러 이제 노쇠해진 열정개미는 나라를 경영하는 일을 후진들에게 맡기고 일선에서 물러나 예전에 여왕개미로부터 배운 리더십과 삶의 지혜를 어린 개미 후손들에게 전하는 훈육대장 역할을 담당하게 되었다. 교육처럼 중요한 것이 없었기 때문이다. 새로 태어난 젊은 일개미들을 주기적으로 교육시킬 때마다 자신의 경험담을 들려주고 개미사회의 미래상에 대해 집중적으로 강의하고 토의했다. 열정개미의 최대 관심사는 우두머리가 없는 상황에서도 모든 개미가 열정을 다해 일할 수 있는 창조적 동기부여를 불어넣어 주는 일이었다.

어느 겨울날, 혹한이 오기 전에 겨우내 먹을 양식을 준비하느라 모두가 정신없이 바쁠 때였다. 열정개미는 오랜 만에 식량창고를 시찰하게 되었다. 거기서 그는 빈둥거리고 있는 젊은 일개미 한 마리를 보게 되었다.

"다들 겨울식량 준비에 여념이 없는데, 너는 왜 여기서 빈둥거리고 있는 게냐?"

"저는 제가 먹을 식량은 이미 다 비축해 두었어요. 더 이상 일하지 않아도 돼요."

"항상 일을 해야 우리는 살 수 있어. 인간사회에서는 개미하면 밤낮없이 일하는 것으로 소문나 있지. 너는 꿀벌이 얼마나 열심히 일을 하는지 아니?"

“아니오, 잘 모르는데요. 설마 저희만큼 부지런하려고요?”

“꿀벌은 꿀 한 숟가락을 얻기 위해 4천 번 이상 꽃을 찾아다녀. 그런데 그게 끝이 아니야. 우리 개미들은 집에 양식을 운반해 가면 그 다음부터는 그냥 쉬지만, 꿀벌은 잠시도 쉬지를 못해. 벌집 내부의 청소도 해야 하고, 여왕벌이 새끼를 낳으면 새끼 벌을 키우는 시중도 들어야 하고, 가끔씩 외적이 침입하면 방어도 해야 하고, 벌통 내의 적정 온도도 유지해야 하고, 그 밖에도 잡다한 일이 너무 많단다.”

“불쌍하군요.”

“그래, 어떻게 보면 불쌍하다고 할 수 있지. 그런데 더 불쌍한 것은 그렇게 힘들게 일하며 양식을 모은 꿀벌은 겨울이 오기 전에 생을 마감해. 꿀벌이 자기가 먹을 양식도 아닌데 그렇게 열심히 꿀벌을 모으는 이유를 알겠니?”

열정개미의 물음에 젊은 개미는 고개를 들지 못했다. 꿀벌의 이야기를 통해 열정개미가 어떤 교훈을 주려는지 금방 눈치챘기 때문이다.

“무슨 말씀을 하려고 하시는지 알겠어요. 꿀벌처럼 동족을 위해, 남을 위해 희생할 줄도 알아야 한다는 말씀을 하시려는 거지요?”

"넌 아주 똑똑한 개미로구나. 바로 그렇단다. 나를 위해 사는 것보다 내 이웃을 위해 사는 것은 정말 가치 있는 삶이란다. 그래도 우리는 꿀벌보다 오래 살아서 우리가 모은 양식을 우리 자신이 먹을 수도 있으니 그보다는 훨씬 행복하지 않니? 고통 속에 생명을 잉태하고 산란하시는 여왕마마와 새로 태어난 어린 개미들은 무엇을 먹으며 겨울을 날 수 있겠니? 우리를 적들로부터 보호하기 위해 전투에 참가하는 병정개미들은 또 어떻고? 더 많은 양식을 모아 겨울에 대비하는 것은 결국 우리 왕국을 유지하기 위함이요, 우리 종족을 자자손손 유지하기 위함이란다. 눈앞에 있는 것만 보지 말고 눈을 크게 뜨고 멀리 바라보아라."

"네, 잘 알겠습니다. 제 생각이 짧았어요."

젊은 개미가 일터로 돌아간 후, 열정개미는 뿌듯한 마음이 들었다. 또 한 마리의 젊은 개미에게 열정의 불씨를 심어준 것 같았기 때문이다. 그는 마지막 순간까지 더 많은 개미들에게 열정의 불씨를 심어주고 싶었다.

추운 겨울이 닥쳤다. 개미왕국은 지난 봄, 여름, 가을 동안 일개미들이 열심히 일해 준 덕분에 그 어느 때보다 풍요롭고 따뜻한 겨울을 보낼 수 있었다. 그리고 어김없이 개미들의 국경일이 다가왔다. 잔치가 벌어진 가운데 개미들의 열화와 같은 성원에 힘입어 열정개미는 연단에 올랐다. 그리고 그의 생애에서 가장 감동적인 연설을 했다. 마지막으로 열정개미는 이렇게 끝을 맺었다.

"우리 개미사회의 가장 큰 무기는 바로 열정입니다! 우리는 날이 새면 움직여야 합니다. 그래야 살아남을 수 있습니다!"

열렬한 박수를 받으며 연단에서 내려온 열정개미는 동료들과 후배들, 어린 동족들과 일일이 손을 잡으며 격려의 말을 잊지 않았다. 그리고 모든 선조 개미들이 그랬듯이 조상들이 묻혀 있는 곳으로 발길을 옮겼다. 매서운 눈보라가 몰아치고 있었다.

"열정적으로 살았던 너의 삶은 참으로 아름다웠다!"

어디에선가 이런 소리가 귓가에 메아리치는 듯했다.

평안한 얼굴로 눈을 감은 열정개미의 몸 위로 하얀 눈이 소복이 쌓여 갔다.

개미로부터 배우는 인생 성공 비밀

1. 열정을 다해 일하라

어떻게 하면 열정을 다해 일할 수 있을까? '열정'이란 어떤 일에 열렬한 애정을 가지고 열중하는 마음으로 어원은 '엔테오스/엔토우스entheos/enthous'이다. 이는 그리스에서 유래한 말로 '초인적인 존재가 가진 힘, 또는 신이 있는 곳에'라는 의미가 담겨 있다. 우리는 동물학자 마레이즈E.Malaise가 실험한 '개미의 자신감'에서 열정의 의미를 찾아볼 수 있다.

개미가 이리저리 움직이고 있을 때 둥그렇게 사방을 파고 물을 부었다. 안에 갇힌 개미들이 밖으로 나오도록 가느다란 짚 몇 개를 다리처럼 놓아두었다. 한참 후에 재미나는 일이 벌어졌다. 섬에 갇힌 개미들은 아무도 밖으로 나오지 않는 데 반해, 이미 밖으로 나와 양식을 구한 개미들은 필사적으로 다리를 건너 집으로 귀가한다는 것이었다.

귀가하는 개미는 "반드시 집으로 돌아가겠다!"라는 열정을 가지고 있었다. 사생결단의 의지를 보인 것이다. 그러나 섬에 있는 개미들은 그저 한가하게 이리저리 왔다갔다했을 뿐이었다.

자신이 무슨 일인가를 목표로 정해 놓고 그 일을 하고자 할 때는 이 개미와 같은 의지와 결단력을 가져야 한다. 귀가하는 개미의 마음을 상상해 보라. 귀가하는 개미는 한 가지 분명한 목적이 있었다. 강물에 빠져 죽을지라도 반드시 다리를 건너서 동료들이 있는 곳으로 가야 한다는 결심이 서 있었다. 개미와 같은 결단력, 실수의 위험 속에서도 반드시 건너가겠다는 자신감과 열정이 있을 때 우리는 꿈을 성취할 수 있을 것이다.

개미들의 행동강령은 아주 간단하다.

첫째는 끝없이 열정적으로 싸우고, 둘째는 새로운 장막을 위해 이웃과 전쟁을 과감히 선포하고, 셋째는 할 수만 있으면 주위의 개미 부대를 있는 힘을 다해 초토화시키는 것이다. 그들의 외교정책은 협상이라는 게 없다. 힘의 논리만 적용된다. 무조건 전쟁을 선포하고 모든 병사들이 죽음의 전쟁터로 달려 간다. 수백 수천 마리의 개미들이 엉켜서 큰 턱으로 서로 물고, 늘어지고, 다리를 입으로 자르고, 당기고, 밀고, 서로 조이는 것이다.

사람들에게 무슨 일을 맡길 때 어떻게 하라고 말하지 말고, 무엇을 해야만 하는지를 말해 주라. 그러면 그들은 독창적인 방법으로 일을 처리하게 될 것이다. 개미사령관은 개미병사들에게 일일이 전쟁터에서의 승리 전략을 말해 주지 않는다. 그들은 자발적으로 열심히, 그리고 열정을 다해 싸울 뿐이다.

일을 많이 하는 사람들은 대개 실수도 많다. 개미는 실수해도 계속 도전한다. 수많은 반복행동의 결과인 것이다. 실수를 많이 한 사람은 무언가 일을 하려고 저지른 사람들이다. 실수하는 사람들은 대개 도전적이고 미래 창조적이다. 피터 드러커Peter Drucker의 말을 들어 보라.

"훌륭한 사람일수록 더 많은 일을 시도할 것이다. 왜냐하면 그는 새로운 일을 더 많이 시도할 것이기 때문이다. 나는 실수하지 않은 사람을 제일 높은 자리로 승진시키지 않을 것이다. 왜냐하면 그는 평범한 사람이 틀림없기 때문이다."

2. 스스로에게 창조적 동기부여를 하라

작가 헨리 루이스 멘켄은 "인생의 10%는 인생에서 위대한 성공을 하며 살아가고, 10%는 실패의 길을 걷고, 나머지 80%는 대중 속에 묻혀 비전도 희망도 없이 죽어간다"고 말했다.

성공한 사람들은 한결같이 창조적 동기부여를 가슴에 품고 산 사람들이다. 나폴레옹은 "성공은 성공지향적인 사람에게만 온다. 그리고 실패는 스스로가 실패할 수밖에 없다고 체념해 버리는 사람에게만 온다"고 했다.

내가 성공을 향하여 걸어가야지, 성공이 나에게로 걸어오지 않는다. 개미의 성공은 '마지막 삶의 순간까지 일하는 것'이다.

『무한한 힘, 나는 성공한다』라는 책을 저술한 앤터니 로빈스는 "성공하고 싶거든 철저하게 성공한 사람의 흉내를 내라"고 했다. 개미 사회에서는 운반기술에 대한 노하우를 기록한 역사나 지침서가 없다 보니 오직 직접적인 행동과 경험을 통해서 배울 뿐이다. 그들은 반복적인 체험을 통해 좀더 효율적으로 지치지 않고 끝없이 양식을 운반하는 방법을 배운다.

헨리 포드는 "사람이 배우기를 그치면 그 사람은 죽은 것이다"라

고 했고, 괴테는 "가장 유능한 사람은 계속해서 배우는 사람이다"라
고 했으며, 링컨은 "나는 항상 배우는 사람이다"라고 했다.

왜 우리는 항상 배워야 하는가?

우리는 배움을 통해서 간접적으로 '창조적 동기부여'를 얻기 때문
이다. 개미는 어떻게 배우는가? 그들은 무한한 실수를 통해서 배운
다. 실수를 통해 이전에 알지 못했던 양식 운반기술을 끝없이 혁신
하고 응용하고 개발하는 것이다.

동기부여는 여러 가지 모습과 형태로 사람에게 주어진다.

10대 시절 내 인생의 동기부여는 가난이었다. 고등학교 때 나는 성
공하고 싶어서 안달이 난 사람이었다. 추운 겨울밤 연탄이 없어 백
열전구를 이불 속에 넣고 잘 때가 한두 번이 아니었다. 한번은 자다
가 "퍽" 하는 소리에 놀라 깨어보니 전구가 박살이 나 있었다. 지금
생각하면 어처구니없기도 하다.

나는 고등학교 시절부터 성공하기를 간절히 바랐다. 낮에는 벽돌
공장에서 땀 흘리며 일했고, 밤에는 야간 실업고등학교에서 열심히
공부했다. 그 덕택에 나는 20대에 박사학위를 취득하게 되었다. 그저
열심히 앞만 보고 걸어갔더니 어느 날 졸업문 앞에 서 있었다. 이처

럼 성공은 간절히 원하는 사람에게만 찾아오는 것이다.

3. 가장 잘할 수 있는 일 20%에 집중하라

개미하면 모두 열심히 충성을 다하는 것으로 알려져 있으나 모든 개미가 다 열심히 일하는 게 아니다. 20%의 개미만이 열심히 일하고 나머지 80%는 적당히 일한다. 열심히 일하는 20%의 개미를 다른 곳에 옮겨놓았더니, 역시 그 중에 20%만이 열심히 일하고 나머지 80%는 놀고먹는다는 것이다.

19세기 무렵 이탈리아의 경제학자인 빌프레도 파레토Vilfredo Federico Damaso Pareto는 이탈리아 밀라노에 사는 사람들의 부富의 분포에 관한 연구를 하여, 20%의 사람들이 전체 부의 80%를 차지한다는 사실을 발견하였다. 소수가 전체의 대부분을 차지하고 많은 다수가 전체의 일부분밖에 차지하지 못한다는 사실을 발견한 것이다. 이것을 '파레토의 법칙Pareto's law, 80/20 rule', 혹은 '중요한 소수의 원리law of significant few' 라고 한다.

어떻게 하면 일에 집중할 수 있는 20%에 속할 수 있는가? 내가 가장 좋아하는 일에 손을 대라. 물고기는 물에 있어야 하는 것처럼, 가장 잘할 수 있는 분야에 몸을 담아라. 정보를 잘 확보하는 사람, 정보를 잘 가공하는 사람, 글을 잘 쓰는 사람, 말을 잘하는 사람, 아이디어를 잘 내는 사람, 사랑을 잘하는 사람 등등… 모든 것을 다 잘할 수는 없다.

그러면 일을 어떻게 성공적으로 성취할 것인가? 그것은 '긍정의 태도'를 가지는 것이다. 어떤 사물이라도 긍정으로 생각하고 말하는 것이다. 미국의 교육학자 커밍 워크Cumming Walk는 사람의 성공 요인을 '머리IQ, 지식Knowledge, 기술Technology, 태도Attitude' 라고 했다. 이네 가지 요인 중에서 성공에 결정적인 영향을 주는 것이 바로 '삶의 태도' 이다. 삶의 태도를 변화시켜 자장 잘 할 수 있는 일 20% 집중하라.

4. 준비하는 인생을 살아라

사람과 마찬가지로 개미사회에도 일정한 거처 없이 이리저리 떠돌아다니며 삶을 준비하지 않는 유랑개미나 군대개미가 있다. 이들은 건조한 지대에 살기 때문에

먹이가 될 만한 것을 구하기가 쉽지 않다. 여왕개미는 긴 행렬을 이루는 대군단을 이끌고 먹이를 찾아 나서는데 주로 흐린 날이나 한밤중에 이동한다. 이들 대군단이 가는 곳은 위험하다. 배가 고프면 집단으로 곤충이나 가축이나 심지어는 원숭이까지 습격하여 잔인하게 잡아먹는다. 알을 낳을 때는 잠시 이동을 멈추지만 알이 자라서 성장하면 또 다시 이동한다.

먼 옛날 태행산太行山과 왕옥산王屋山 기슭의 좁은 땅에 우공寓公이라는 90세 노인이 살고 있었다. 그런데 사방 700리에 높이가 만 길이나 되는 두 큰 산이 집 북쪽을 가로막고 있어 왕래하는 데 장애가 되었다. 그래서 우공은 어느 날 가족을 모아놓고 이렇게 물었다.

"나는 너희들과 같이 저 두 산을 깎아 없애고, 예주豫州와 한수漢水 남쪽까지 곧장 길을 내고 싶은데 너희들 생각은 어떠냐?"

모두 찬성했으나 우공의 아내만은 무리라면서 반대했다.

"아니, 늙은 당신의 힘으로 어떻게 저 큰 산을 깎아 없앤단 말예요? 또 파낸 흙은 어디다 버리고?"

"발해渤海에 갖다 버릴 거요."

이튿날 아침부터 우공은 세 아들과 손자들을 데리고 돌을 깨고 흙을 파서 삼태기로 발해까지 갖다 버리기 시작했다. 한번 갔다가 돌아오는 데 꼬박 1년이 걸렸다.

어느 날 지수라는 사람이 '죽을 날이 멀지 않은 노인이 정말 망령'이라며 비웃자 우공은 태연히 말했다.

"내가 죽으면 아들이 하고, 아들이 또 손자를 낳고 손자는 또 아들을 낳아 자자손손子子孫孫 계속하면 언젠가는 저 두 산이 평평해질 날이 오겠지."

인생을 준비한다는 것은 생을 마감할 때까지 할 수 있는 일을 갖는다는 것이다. 하나의 가치 있는 인생 목표를 정했으면 끝까지 달려가라. 준비하는 인생은 언제나 멀리 본다.

영어사전 『웹스터Webster Dictionary』를 편집한 웹스터는 36년 동안 그 일만 했다. 작곡가 하이든은 800여 편의 작품을 완성한 다음 「천지창조」라는 오라토리오를 탄생시켰으며, 미켈란젤로의 「최후의 만찬」은 8년 동안 2천 번이나 스케치한 결과다.

에이브러햄 링컨Abraham Lincoln은 대통령이 되기 전에는 실패로 점철된 인생을 보낸 사람이었다. 먼 훗날 대통령이 된 후 그는 이렇게 고백했다.

　　"내가 걷는 길은 험하고 미끄러웠다. 그래서 나는 자꾸 미끄러져 길 바닥 위에 넘어지곤 했다. 그러나 나는 기운을 차리고 자신에게 말했다. '괜찮아, 길이 조금 미끄럽기는 해도 낭떠러지는 아니야' 라고."

★ 인생 성공 비밀 ★

1. 열정을 다해 일하라

● Check Point

열정은 나의 꿈을 이루어주는 연료다. 일을 할 때 얼마나 도전적인가, 실패를 두려워하지 않고 끊임없이 시도하는가? 스스로에게 물어보라. 내 안의 열정이 그 물음에 답해줄 것이다.

2. 스스로에게 창조적 동기부여를 하라

● Check Point

성공이 오기를 기다리지 말고 내가 성공을 향해 걸어가야 한다. 나는 성공에 대해서 얼마나 간절한 열망을 가지고 있는지 점검하고, 그것을 앞으로 나아가기 위한 동기로 삼아라.

3. 가장 잘할 수 있는 일 20%에 집중하라

● Check Point

내 인생에서 가장 중요한 것은 무엇이며, 내가 가장 잘하는 것은 또 무엇인가? 그 물음에 답을 찾았다면 거기에 집중하라. 가장 잘하는 20%에 집중할 때 성공확률은 그만큼 높아진다.

4. 준비하는 인생을 살아라

● Check Point

나는 미래를 위해 무엇을 구체적으로 준비하고 있는가? 성공한 미래를 위하여 적어도 향후 10년의 인생 지도를 미리 그려야 함을 명심하라.

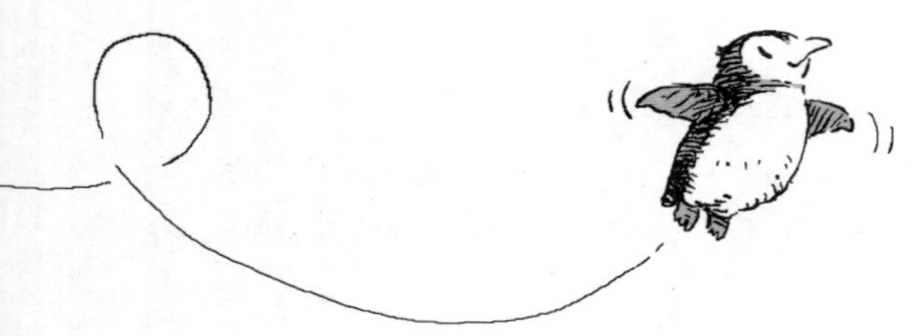

　펭귄은 날지 못하는 새다. 펭귄의 날개는 바다 생활에 적응하기 쉽게 지느러미처럼 진화했다. 골격을 구성하는 뼈는 다른 일반 조류와 비슷하지만 결합 부위가 편평하고 어깨뼈가 남달리 발달해서 물속에서 사용하기 편리하다. 호흡 순환계도 바다에 사는 다른 포유동물같이 잠수에 그지없이 편리한 구조를 가지고 있다. 펭귄은 유연한 지느러미 같은 날개로 민첩하게 헤엄을 칠 수 있는 잠재 능력을 갖고 있다.

　펭귄은 대부분 무리를 지어 추운 날씨와 적으로부터의 공격에 대응한다. 황제 펭귄과 같이 몸집이 큰 펭귄들은 새끼를 키우기 위해 100km 가까이 내륙으로 무리를 지어 걸어 들어가기를 마다하지 않으며, 암컷과 수컷은 영하 40도가 넘는 혹한 속에서 두 달 이상 먹이를 먹지 않고 번갈아 알을 품는다.

숨겨진 '가능성'을 캐내라

펭귄 이야기

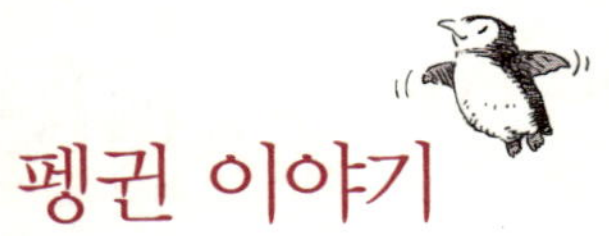

펭귄 마을에 꼬마 펭귄 한 마리가 살고 있었다. 태어난 지 얼마 되지 않았을 때 엄마 펭귄이 바다표범의 공격을 받아 죽는 바람에 이웃 아주머니 펭귄들의 도움으로 자라게 된 불쌍한 꼬마 펭귄이었다. 하지만 아빠 펭귄은 꼬마 펭귄이 엄마를 잃은 슬픔을 극복하고 자신감 있고 더 씩씩한 멋진 펭귄으로 자라주기를 바랐다. 그래서 특별히 꼬마 펭귄을 가르치는 데 신경을 썼다. 그 덕분인지 꼬마 펭귄은 호기심 많고 모험을 좋아하는 씩씩한 펭귄으로 자랐다.

"아빠, 우리가 옛날에는 도둑갈매기들처럼 하늘을 날 수 있는 바닷새였다는 것이 사실이에요?"

"그렇단다."

"그럼, 이게 지느러미가 아니라 날개예요?"

꼬마 펭귄은 자신의 짧고 납작한 두 날개를 퍼덕거리며 물었다.

"그래, 그건 날개야."

"그런데 왜 우리는 날지 못하는 거죠?"

"그 이유를 알려면 아주 먼 옛날 우리 조상들이 이 바닷가에서 처음 살게 되었을 때 이야기부터 해야 된단다."

"들려주세요. 알고 싶어요."

아빠 펭귄은 호기심 가득한 얼굴로 자신을 빤히 바라보고 있는 꼬마 펭귄에게 먼 옛날 조상 펭귄들의 이야기를 들려주었다.

"우리 조상 펭귄들은 하늘을 나는 새였단다. 어느 날, 한 무리의 조상 펭귄이 바다 위 하늘을 날고 있었어. 그런데 그들 중 한 마리가 그만 지쳐서 바다에 빠져버리고 말았단다. 그 조상 펭귄은 다시 날아보려고 안간힘을 쏟았으나 차가운 바닷물에 날개가 젖어서 도저히 다시 하늘로 날아오를 수 없었어. 동료들은 안타깝게 주위를 맴돌 뿐 아무 도움도 줄 수 없었지. 물에 빠진 그 펭귄은 무척 자존심이 상했지만, 그보다 더 절박한 일은 이대로 물에 빠져 죽을지도 모른다는 것이었어. 그리고는 곧 정신을 잃고 말았단다."

"죽었나요?"

꼬마 펭귄이 두 눈을 동그랗게 뜨고 물었다.

"아니. 만약 그대로 죽었다면 우리 조상 펭귄이 아니게?"

"그럼, 어떻게 되었나요?"

꼬마 펭귄이 이야기를 재촉했다.

"물에 빠진 그 조상 펭귄이 정신을 차리고 보니 다행히 몸이 물에 가라앉는 대신 그냥 바다 위에 둥둥 떠 있는 게 아니겠니? 참으로 신기했지. 그래서 이런 생각이 들었단다. '허구한 날 힘들게 나는 것도 지쳤어. 이번 기회에 하늘에서만 살 게 아니라 바다에서 새로운 삶을 시작해봐야겠다. 날개를 계속해서 쉴새없이 움직이지 않아도 되고 얼마나 좋아!' 그는 동료 펭귄들에게 외쳤지. '이보게들, 난 이제부터 바다에서 살 거야. 힘들게 날개를 움직이지 않아도 되고 싱싱한 물고기도 가득해. 자네들도 이리 내려와 봐!' 이렇게 말이야."

"그래서 어떻게 되었어요? 다른 동료 펭귄들도 바다로 내려왔나요?"

"물론이지. 그리고 그때부터 우리 펭귄들의 날개는 바다에서 헤엄치기 좋게 진화했단다. 어떤 바다 동물보다도 유연한 지느러미를 가지게 된 것은 우리에게 커다란 축복이란다."

"아, 그렇군요. 그런데 아빠!"

“왜, 또 무엇이 궁금하니?”

“지금부터 열심히 나는 연습을 하면 나도 다시 하늘을 날 수 있겠네요?”

“흠, 그건 곤란한걸.”

“왜요?”

“네 두 날개를 보렴. 어떻게 생겼니?”

꼬마 펭귄은 자신의 짧고 납작한 두 날개를 다시 한 번 퍼덕였다. 그리고 이내 풀이 죽었다.

“이건 날개라고 할 수 없어요. 그냥 지느러미라고요.”

“그래, 아까 말했던 것처럼 우리 조상 펭귄들이 하늘을 나는 것보다 바다에서 헤엄치며 놀기를 좋아했기 때문에 지금 우리 날개는 지느러미 모양으로 변한 거란다. 그러니 이런 날개를 가지고 하늘을 나는 것은 힘들 거야. 하지만 너무 실망하지는 마라. 대신 우리는 바닷속에서 누구보다 멋지게 날 수 있으니까.”

“바닷속에서 난다고요? 헤엄치는 게 아니고요?”

“생각하기 나름이란다. 허구한 날 똑같은 헤엄치기라고 생각하면 지겹고 별로 중요치 않은 일처럼 생각되지만, 새롭게 날기 연습을 하는 거라고 생각해 봐. 그러면 하루하루 바다에 나가 헤엄치는 일이 점점 즐거워질 게다. 하늘에서만 날 수 있다고 생각하는 고정관념에서 탈피해야 해."

"그러니까 바다에서도 얼마든지 날 수 있다고 생각하라는 얘기지요?"

"그래. 우리의 유연한 지느러미만큼이나 생각도 유연하게 하자는 거란다."

"네, 잘 알겠어요. 아빠."

그날 이후, 꼬마 펭귄의 머릿속에서는 '바다 속에서 난다'는 말이 떠나질 않았다. 아마도 그것은 최고의 잠수 실력을 뽐낸다는 뜻일 거라고 생각했다. 꼬마 펭귄은 펭귄들 중에서, 아니 바닷속 모든 동물들을 통틀어 최고의 잠수 실력을 가진 펭귄이 되어야겠다고 마음먹었다. 그리고 매일 매일 누가 시키지 않아도 바닷물에 들어가 잠수 연습을 했다. 그러나 생각했던 것처럼 속력이 잘 나지 않았다.

"다리를 좀 움직여보는 게 어때?"

"네?"

꼬마 펭귄은 깜짝 놀라 뒤를 돌아보았다. 커다란 바다거북이 가까이 다가와 말을 건넸다.

“네 잠수 능력은 정말 대단하구나. 역시 유연한 지느러미 덕분인가? 한데 왜 다리를 좀더 움직이지 않는 거지? 우리 바다거북은 비록 유연한 지느러미는 없지만 앞다리와 뒷다리를 효과적으로 움직여서 헤엄을 치지. 만약 너희 펭귄들이 다리까지 제대로 사용하게 된다면 지금보다 훨씬 더 민첩하게 헤엄칠 수 있을 텐데 말이야.”

바다거북의 얘기를 듣고 꼬마 펭귄은 자신의 굵고 짧은 형편없는 다리를 쳐다보았다. 육지에서도 펭귄의 다리는 제 구실을 못해서 한 번 걸음을 내딛을 때마다 온몸을 뒤뚱거려야 겨우 앞으로 나아갈 수 있었다.

‘다리를 이용해서 헤엄을 치라고? 쳇, 그런 우스운 소리는 생전 처음 들어보겠군.’

꼬마 펭귄은 바다거북의 말을 무시하기로 했다.

“이봐, 그러지 말고 내 말대로 해보지 그래? 이래봬도 내가 이 바닷가에서 30년을 사신 몸이야. 연장자의 경험에서 우러나오는 소리니 한번쯤 귀담아듣는 것도 괜찮지 않을까?”

“30년이요?”

바다거북의 말을 무시하고 그냥 가버리려고 했던 꼬마 펭귄은 귀가 번쩍 뜨이는 것 같았다. 호기심 많은 꼬마 펭귄이 참지 못하고 질문을 퍼붓기 시작했다.

"정말 바다거북님은 여기서 30년 동안이나 사셨어요?"

"그렇단다. 우리 바다거북은 보통 100년까지도 살 수 있어."

"우와, 100년이요? 정말 대단해요. 저는 이제 겨우 세 살인걸요."

"세 살 먹은 펭귄치고는 잠수 실력이 꽤 좋은데… 좀더 연습하면 '바다동물 잠수대회'에 참가할 수 있겠어."

"바다동물 잠수대회요? 그런 대회가 있어요?"

"돌고래, 바다표범, 물개, 거북, 펭귄 등이 참가하는 가장 큰 잠수대회야. 하지만 그 동안 잠수대회에서 1등한 펭귄은 없었어. 심사 기준은 누가 오래 잠수하나, 누가 가장 빨리 헤엄치나, 누가 가장 멋지게 헤엄치나 등이지. 만약 네가 참가할 생각이 있다면 기꺼이 네 코치가 되어주마."

"정말이요? 하지만 제가 잘할 수 있을까요?"

"그럼! 그러면 네게 좀더 생각할 시간을 주도록 하지. 그리고 명심해야 할 게 있다. 만약 내게 코치를 받으려면 다리를 활용하는 법부터 배워야 한다는 사실 말이다."

꼬마 펭귄은 집에 돌아와 아빠 펭귄에게 바다거북을 만난 이야기를 했다.

“아빠, 제가 정말 잠수대회에 나갈 수 있을까요?”

그러자 아빠 펭귄은 고개를 끄덕이며 말했다.

“그럼, 넌 할 수 있어. 지금껏 생각지 못했던 능력이 네 안에 숨어 있다는 걸 명심해. 그것을 잠재 능력이라고 하지. 지금부터 그 잠재 능력을 힘껏 발휘해 보도록 해. 아빠는 네가 가장 잘할 수 있는 일을 목표로 최선의 노력을 해주기를 바란단다.”

아빠 펭귄의 적극적인 지지에 힘입어 꼬마 펭귄은 바다거북과 함께 잠수 능력을 개발하려는 피나는 훈련을 시작했다. 물론 다리를 효과적으로 움직이는 법을 새로 익히는 것을 포함해서 말이다. 그렇게 한 달, 두 달, 석 달… 시간이 흘러서, 이제 꼬마 펭귄은 펭귄 마을에서 가장 빠르고 멋지게 헤엄치며 잠수할 줄 아는 펭귄이 되었다.

“자, 이제 떠날 때가 되었다.”

바다거북은 꼬마 펭귄에게 서둘러 짐을 챙길 것을 명했다. 모든 바다동물들이 모이는 넓은 바다로 나아가기 위해서는 꽤 먼 길을 가야 했기 때문이다. 아빠 펭귄은 꼬마 펭귄에게 당부의 말을 잊지 않았다.

"애야, 바다거북과 늘 가까이 있어야 해. 넓은 바다에서 길을 잃으면 다시는 여기로 못 돌아와. 경기에 최선을 다하고… 구경 잘하고 많이 배워서 오렴. 꼭 건강하게 돌아와야 해."

아빠의 격려와 근심어린 전송을 받으며 바다거북과 꼬마 펭귄은 마침내 여행을 떠났다. 꼬마 펭귄에게는 태어나서 처음 떠나보는 먼 여행길이었다. 펭귄 무리를 떠나 나만의 여행길에 오르는 일이 꼬마 펭귄에게는 너무나 벅찼지만 매혹적이었다. 해변이 점점 멀어져 갔다. 펭귄 동료들이 이제 까만 점처럼 보였다.

그러나 그런 황홀하던 기분은 차츰 결연한 의지로 변해 갔다. 대회가 치러지는 먼 바다까지는 가야 할 길이 너무나 멀고 험했다. 특히 끝없이 펼쳐진 얼음 대지를 횡단하는 일은 바다거북과 펭귄의 느린 걸음으로는 엄청난 인내심과 끈기를 필요로 했다. 더욱이 펭귄의 다리는 전진 기어만 있을 뿐 후진 기어가 없어서 한번 길을 잘못 들어서면 여간 난감한 게 아니었다. 그래도 대회에 참가하려는 목적과 뜻을 이루기 위해 굳은 의지로 꼬마 펭귄은 걷고 또 걸었다.

한번은 좁은 얼음 다리 위에서 한 무리의 순록을 만났다. 우두머리인 듯한 순록이 펭귄과 바다거북에게 물었다.

"너희는 어디서 왔냐? 여기 사는 것 같지는 않은데, 어디서 오는 길이야?"

"우린 저 멀리 바다 건너편에서 왔어. 먼 바다에서 열리는 잠수대회에 참가하려고 가는 중이야. 갈 길이 머니까 길 좀 비켜다오."

"비킬 수 없어! 너희들이 다시 뒤로 돌아가!"

순록 떼는 길을 막고 버티고 서서 비켜주지 않았다.

"내 몸엔 전진 기어만 달려 있고 후진 기어는 달려 있지 않아. 그러니 전후 기어가 다 달린 너희가 양보해."

그러자 순록들이 비웃기 시작했다.

"이런 바보! 앞으로 가면 뒤로도 갈 줄 알아야지. 애들아, 펭귄들은 후진기어가 없대. 우와하하~"

꼬마 펭귄의 얼굴이 발갛게 달아올랐다.

"이보게들! 후진 기어를 가진 우리가 한번 양보해 주세!"

마침내 순록 우두머리의 제안으로 꼬마 펭귄과 바다거북은 얼음 다리를 무사히 건널 수 있었다. 꼬마 펭귄의 귓가에는 아직도 그들의 비웃음 소리가 들리는 듯했다. 바다거북이 꼬마 펭귄을 위로했다.

"부끄럽게 생각할 것 없다. 너는 그저 네 가야 할 방향을 알고 전진한 것뿐이다. 동물들 중에는 자유자재로 방향을 바꿀 줄 아는 재주 가진 녀석들이 있지. 하지만 자신이 갈 방향을 제대로 알지 못하고 이리저리 왔다갔다하는 것이 과연 좋을까? 이제 곧 먼 바다에 도착하고 보면 알게 될 거다.”

며칠이 지나, 꼬마 펭귄과 바다거북은 드디어 잠수대회가 열리는 먼 바다에 도착했다.

“우와, 이렇게 넓고 깊은 바다는 처음이에요.”

펭귄의 눈앞에 바닷속 풍경이 황홀하게 펼쳐졌다. 특히 이리저리 몰려다니는 오징어 떼의 모습은 장관이었다.

“저기 오징어 떼 좀 보세요. 저렇게 많은 오징어는 처음 봐요. 그런데 저 오징어들은 어디를 저렇게 몰려가는 거죠?”

“글쎄다. 직접 물어보지 그러니?”

꼬마 펭귄은 조심스럽게 오징어 떼에게 다가갔다. 무리의 맨 뒤꽁무니에 있는 오징어에게 다가가 물어보았다.

“너희는 지금 어디로 가?”

“우린 지금 이동 중이야”

“어디로 이동하는데?”

“난 모르고 저 앞에 애들이 알 거야. 걔네들한테 가서 물어봐.”

펭귄은 더 앞쪽에 있는 오징어를 보고 다시 물었다.

“어디 가니?”

“그냥 따라가는 거야. 알고 싶으면 맨 앞쪽에 가서 물어봐.”

펭귄이 빠르게 헤엄을 쳐서 이번엔 맨 앞자리의 오징어에게 가서 물었다.

“네가 대장이니?”

“아니, 우리는 그런 거 없어.”

“그럼 누가 움직이라는 명령을 내려?”

“나도 몰라. 밤에는 불빛들이 대장이야. 빛을 좋아하거든. 가끔씩 나타나.”

그때 갑자기 중간쯤에 있던 오징어 한 마리가 무언가를 발견한 듯 방향을 획 바꾸자 이번엔 다른 오징어들이 그 오징어를 따라 움직이기 시작했다. 순식간에 이동 방향이 바뀌어 버린 것이다. 그 바람에 오징어 떼를 따라 헤엄치던 꼬마 펭귄의 몸이 순간적으로 균형을 잃고 말았다.

“앗!”

“괜찮니?”

바다거북이 깜짝 놀라 물었다.

“네, 괜찮아요.”

펭귄은 유연한 지느러미를 이용하여 금방 균형을 잡았다. 잠수 능력이 뛰어나 이 정도의 돌발 상황에는 얼마든지 대처할 수 있었다.

"그것 봐라. 저 오징어들은 아무 생각 없이 마구 다닌단다. 도무지 왜 사는지를 몰라. 저렇게 획 방향을 틀기도 하는데, 뒤쪽의 무리들은 그냥 앞쪽 친구들을 따라갈 뿐이야. 간혹 무리가 잘못되어 두서너 개 큰 무리로 나뉠 때도 있지."

"우리 펭귄들도 무리 지어 다니지만 저렇게 아무런 목적 없이 이리저리 왔다갔다하지는 않아요. 우린 무리의 우두머리가 한번 방향을 잡으면 모두들 그곳을 향해 걸어가요. 대부분 먹이를 찾아 이동하거나 새끼 낳기 좋은 곳을 찾아서 이동하지요. 무리에서 이탈하는 펭귄은 없어요. 우리 펭귄들은 우리가 향해 가는 곳이 어딘지 알고 있어요."

"네가 잠수대회에 참가하려고 쉬지 않고 앞만 보고 걸어온 것도 다 그런 지혜를 배워서 그런 거란다."

"그렇군요. 이제 알았어요. 앞으로만 향해 걸어가는 우리 펭귄들의 습성이 참 답답하다고 느껴 왔는데, 그리고 보니 참 멋진 일이란 생각이 드네요."

"그걸 깨달았다니, 참 기특하구나."

"바다거북님은 대단하세요. 제 스스로 그걸 깨닫게 해주시다니…
역시 오래 사시고 세상 경험을 많이 하신 분은 무언가 다른 것 같
아요."

"너도 지금까지의 경험을 후배나 2세들에게 들려줄 날이 언젠가
오게 될 게다."

펭귄은 삶을 살아가는 데 있어서 중요한 교훈을 가르쳐 주신 스승
바다거북에게 진심으로 감사했다.

그토록 기다리던 '바다동물 잠수대회'가 열렸다. 돌고래, 바다표
범, 물개, 거북, 펭귄 등이 출전하여 제각각 멋진 잠수 실력을 뽐냈
다. 오징어와 고등어 떼, 상어, 갈매기 무리 등 온갖 바다생물들이
구경을 나왔다. 이제 꼬마 펭귄의 차례가 되었다.

"저는 여러분께 나는 모습을 선보이겠습니다."

"난다고? 여기가 하늘이라도 되는 줄 아니? 더구나 넌 새도 아니
잖아!"

"아닙니다. 저는 바닷새랍니다. 지느러미처럼 보이는 이것이 사실
은 날개랍니다. 하지만 이 날개로는 하늘을 날 수 없습니다. 대신 물
속에서 날 수 있어요."

"그럼, 한 번 날아 봐!"

마침내 꼬마 펭귄은 여러 참가자들과 바다생물들 앞에서 바닷속을 헤엄치기 시작했다. 꼬마 펭귄은 온갖 수영 기술을 다 보여주었다. 특히 유연한 지느러미로 부드럽게 물살을 가르는 모습은 마치 진짜 하늘을 날고 있는 한 마리 바닷새를 보는 듯한 착각을 불러일으켰다.

"이야, 멋지다! 너처럼 유연하고 곡예 부리듯 헤엄치는 펭귄은 보지 못했다!"

구경하던 바다생물들에게서 탄성이 터져 나왔다. 꼬마 펭귄은 신바람이 났다. 이번에는 바다거북에게서 배운 대로 다리를 활용해 좀 더 속력을 냈다.

"와와와!"

모든 바다생물들이 이구동성으로 소리쳤다.

"한 번 더! 한 번 더! 너무 멋져!"

바다의 모든 생물들은 물론 다른 참가자들까지 펭귄의 수영 솜씨에 매료되고 말았다.

마침내 꼬마 펭귄이 잠수대회에서 영예의 1등을 차지했다.

"그 동안 수고 많았다. 네가 꼭 1등을 할 줄 알았다."

바다거북이 꼬마 펭귄을 무척 대견해하며 격려해 주었다.

"이게 다 스승님 덕분이에요. 정말 고맙습니다."

대회가 끝나고 꼬마 펭귄은 스승인 바다거북과 헤어져 혼자서 집으로 향했다. 돌아오는 길 역시 멀고 험난한 길이었지만, 아빠 펭귄에게 하루 빨리 기쁜 소식을 전하고 싶은 마음에 쉬지 않고 걷고 또 걸었다. 드디어 집에 도착했을 때, 그러나 꼬마 펭귄에게는 청천벽력 같은 소식이 기다리고 있었다. 아빠 펭귄이 동료들과 사냥을 나갔다가 범고래의 습격을 받아 부상을 당했고, 결국 꼬마 펭귄이 돌아오기 며칠 전에 숨을 거뒀다는 것이었다.

"네 아빠는 잠수대회에서 네가 1등을 했다는 기쁜 소식을 가지고 돌아오기를 내내 기다리셨다. 마지막으로 눈을 감으실 때도 네 이름을 부르셨지. 그리고 마지막 말씀을 남겼단다. '…이제 너도 다 자랐으니 훌륭한 아빠 펭귄이 되라'고 말이다."

아빠 펭귄의 마지막 유언을 동료 펭귄들이 꼬마 펭귄에게 전했다. 이제부터는 더 이상 꼬마 펭귄이 아니었다.

"아빠! 아빠…!"

펭귄은 아빠의 이름을 부르며 큰 소리로 울었다.

펭귄 마을에 추운 겨울이 다가왔다. 그것은 이제 짝짓기를 하고 새끼를 낳을 때가 되었다는 것을 의미했다. 우리 펭귄도 무리와 함께 내륙으로 이동을 했다.

"이번 여행은 100km나 되는 아주 긴 여행길이 될 것이다. 다들 단단히 각오해라."

무리를 이끄는 고참 펭귄이 말했다. 우리 펭귄은 이미 내륙을 지나 저 머나먼 바다에까지 다녀온 경험이 있기에 이 정도의 장거리 여행은 아무것도 아니었다. 더구나 지금은 그의 옆에 사랑하는 아내가 있었다. 아내 펭귄과 함께 귀여운 새끼를 낳아 기를 생각을 하니 더욱 힘이 났다.

펭귄들의 이동은 보름하고도 열흘이 더 지나도록 계속되었다. 혹독한 추위 속에서도 그들은 오로지 한 방향을 향해 짧은 다리를 부지런히 움직여 앞으로 나아갔다. 그때 가장 나이가 어린 후배 펭귄이 볼멘소리를 했다.

"아, 힘들어. 그냥 대충 아무 곳에서나 새끼를 낳으면 안 되는 건가요? 이러다가 우리가 먼저 쓰러지겠어요."

그러자 고참 펭귄이 그를 나무랐다.

"만약 바다표범이나 도둑갈매기들이 쉽게 접근할 수 있는 곳에서 우리 새끼들이 태어난다면 어떻게 되겠느냐? 분명 그들에게는 좋은 포식거리가 되겠지. 넌 그걸 바라는 거냐?"

"아니오. 절대로요!"

"그렇다면 힘들어도 참아라. 우리에게는 우리 새끼들을 안전하게 낳아서 기를 목적이 있다. 그게 우리가 살아가는 이유이자, 이 힘든 여행을 하는 이유이다."

고참 펭귄의 말에 다른 펭귄들이 모두 고개를 끄덕였다. 후배 펭귄은 괜한 투정을 부린 것이 부끄러웠는지 고개를 들지 못했다.

마침내 펭귄 무리는 목적지에 다다랐다. 각자의 배우자와 짝짓기가 시작됐다.

"여보, 이제 우리 아기가 태어나려고 해요."

우리 펭귄의 아내는 주먹만한 알을 낳았다. 알을 낳는 데 모든 힘을 소진한 아내는 남편 펭귄에게 알을 넘겨주었다.

"여보, 당신은 이제 바다로 나가서 맛있는 먹이도 많이 먹고 원기를 회복하고 오도록 해요. 그때까지 알을 품고 있을 테니까."

"그럼, 우리 아기를 부탁해요. 내가 맛있고 영양가 있는 먹이를 구해 올게요."

아내 펭귄이 떠난 후, 남편 펭귄은 매서운 눈보라와 영하 60도를 넘나드는 강추위 속에서 아무것도 먹지 못한 채 새끼가 안전하게 부화할 수 있도록 따뜻하게 품속에 알을 보듬었다. 눈보라가 온몸을 휘감고 덮쳐도 꿋꿋하게 서 있었다.

'우리 아빠도 나를 위해 이렇게 힘들게 서 계셨겠지?

펭귄은 돌아가신 아빠 생각에 눈물이 났다. 또 한편으로 잠수대회에 나가도록 허락해 주신 아빠가 새삼 고마웠다. 잠수대회에 참가하기 위해 스승인 바다거북과 새로운 수영법을 열심히 익히던 일, 먼 길을 떠나 마침내 잠수대회에서 1등상의 영예를 안았던 그 순간은 펭귄의 일생에서 가장 눈부신 순간들이었다.

'태어날 우리 아기도 잠수대회에 나갈 수 있도록 허락해 줘야지.'

그렇게 두 달여의 시간이 지났다. 이제 추위와 배고픔에 지쳐 곧 쓰러질 것 같은 고통이 찾아오고 있었다. 그때 멀리서 너무나 익숙하고 다정한 목소리가 들려왔다. 아내 펭귄이었다.

"여보, 나 왔어요. 어디 있어요?"

"여기야, 여기!"

"여보, 우리 아들이 태어났어. 얼마나 잘생겼는지 몰라! 빨리 와서 안아봐!"

아내는 가져온 먹이를 남편과 새끼 펭귄에게 나누어주었다.

“이제 우리 아들은 내가 돌볼게요. 당신은 바다로 나가서 먹이를 구해 오세요.”

“그래, 여보. 그럼 부탁해.”

펭귄은 지친 몸을 간신히 움직여 바다를 향해 걷기 시작했다. 사랑스런 새끼에게 줄 먹이를 어서 구해 와야겠다는 생각에 마지막 남은 힘까지 쥐어짰다. 너무나 힘들었지만 기분은 그 어느 때보다 좋았다.

‘이게 바로 우리의 삶이지.’

앞으로 무럭무럭 자라날 새끼를 생각하니 잠수대회에서 1등을 했을 때보다 열 배는 더 행복한 것 같았다.

펭귄으로부터 배우는
인생 성공 비밀

1. 긍정의 생각을 품고, 긍정의 말을 하라

펭귄은
유연한 지느러미를
갖고 있다

하늘을 날지 못하는 날개를 가진 펭귄이 어떻게 '바다 동물 잠수대회'에서 1등을 할 수 있었을까? 바다에서 살아남기 위해 퇴화한 날개를 지느러미로 변화하여 새로운 삶을 개척하는 데 성공한 이유는 다음 세 가지로 요약할 수 있다.

첫째, 펭귄은 '나는 할 수 있다' 라는 생각을 품었다.

원하는 것을 결정하면 대개 방법은 나오게 되어 있다. 중요한 것은 내 안에 성취하고자 하는 의지가 있느냐 없느냐에 달려 있다. 펭귄의 두 지느러미를 보라. 처음부터 헤엄치기에 적합한 모양은 아니었다. 하늘을 날 수는 없지만, 바닷속에서는 누구보다 멋지게 날 수 있다는 긍정의 생각을 품고 노력한 끝에 새로운 헤엄치기 능력이 개

발된 것이다. 언제나 긍정의 생각을 품고 도전하라. 방법은 그 다음
에 자연히 따라오기 마련이다.

　둘째, 펭귄은 새로운 아이디어를 창출했다.

　펭귄은 자신이 갖고 있는 장점이 무엇인가를 생각했다. 날 수 없
는 두 날개로 어떻게 하면 거센 물살을 헤치고 빠르게 전진할 수 있
는지 날마다 궁리하고 연습했다. 그것은 펭귄에게 아주 새로운 경험
이었다. 그런데 자꾸 하다 보니 두 날개도 날개지만 몸 전체를 상하
좌우 흔들어도 앞으로 쑤욱 나가는 것이 아닌가? 펭귄은 그렇게 계
속함으로써 이전에 해보지 못한 새로운 경험을 많이 하게 되었다.
수영 속도가 점점 빨라지기 시작했고, 처음에는 전진하다가 방향 틀
기가 아주 어려웠는데 점점 쉬워지게 되었다.

　셋째, 펭귄은 고정관념의 틀에서 벗어났다.

　오랫동안 형성된 습관을 버린다는 것이 얼마나 힘든 일인가? 그
러나 펭귄은 새로운 환경에서 살아남기 위해 삶의 모든 것을 바쳤
다. 그 덕분에 두 날개는 헤엄치기에 가장 적합한 지느러미가 된 것
이다. 좋은 습관은 기존의 틀을 완전히 깨는 것이다.

1998년도에 있었던 일이다. 당시 필자는 전공서적을 집필하고 있었는데, 기존의 틀을 깨어버리고 전혀 다른 방식으로 저술한 적이 있었다. 보통 전공서적은 너무 딱딱했기 때문에, 그와 다르게 이론과 원리를 설명할 때 여러 단락에서 '갑돌이와 갑순이 이야기', '홍길동 이야기' 등을 사례로 집어넣었다. 이렇게 만들어진 전공서적이 13개 대학에서 교재로 채택된 것은 우연이 아니었다. 그것은 바로 내가 기존의 습관을 완전히 깨뜨렸기 때문이다.

2. 당신의 잠재력을 이끌어 내라

펭귄은 날지 못하는 새다. 펭귄의 골격을 구성하는 뼈는 다른 일반 조류와 비슷하지만 결합 부위가 편평하고 어깨뼈가 유달리 발달했다. 그래서 물속에서 헤엄치는 데 사용하기에 그지없이 편리한 구조이다. 호흡 순환계도 바다에 사는 다른 포유동물과 같이 잠수에 편리한 구조를 가지고 있다.

그러나 아무리 펭귄이 헤엄치기에 좋은 능력을 타고났다 해도 제대로 활용하지 않으면 자신의 재능을 이끌어 내지 못했을 것이다.

잠재된 재능은 끝없는 훈련과 반복 속에서 발견된다. 새끼 펭귄은 엄마 펭귄을 따라 수없이 바닷물에 뛰어들어 노닐면서 멋진 잠수 기술을 터득한 것이다. 잠재력은 행동에 옮길 때 비로소 표출된다. 반복만이 천재를 낳는다. 반복만이 잠재력을 깨운다!

3. 당신의 삶에 전진 기어를 달아라

한 부대원들이 치열한 전투가 벌어지고 있는 섬에 도착한 후, 장군이 부하들에게 이런 명령을 내렸다.

"우리가 타고 온 배를 전부 불태워 버려라!"

전투에서 지면 섬에서 모두 죽을 수 있음을 암시해 준 것이다. 장군은 병사들에게 오직 전진 기어만 있다는 점을 가르쳐 준 것이다. 그들이 전쟁에서 승리했음은 두말할 필요가 없다.

나는 초등학교 때 산수 시험을 잘못 보아 시험지를 입에 물고 계단을 몇 번씩이나 오르락내리락한 적이 있었다. 그때 나는 내 머리가 정말 둔하고 어리석은 줄 알았다.

상업계 야간 실업고등학교를 갔을 때도 나는 내 머리가 정말 미련

하고 멍청한 줄 알았다. 나는 내 머리가 영원히 쓸모없게 될지도 모른다는 생각까지 하였다. 그런데 어느 날 상업계 고등학교를 졸업해도 대학과 대학원을 갈 수 있다는 선생님의 말을 듣고 용기를 얻었다.

당시 내 머리로 그런 생각을 한다는 것은 상상도 못 할 일이었지만, 마음속에 목표라는 말이 뿌리를 내리자 시간이 지나면서 한 그루 느티나무처럼 점점 자라나기 시작했다. 미꾸라지 잡던 시골 촌놈이 20대에 박사학위를 손에 쥘 수 있었던 것은 고등학교 때 내 마음속에 심은 목표 덕분이었다.

세상에는 공짜가 없다! 내가 심는 만큼 내 인생은 자란다!

마이어Paul J. Meyer는 다음과 같은 '목표론'을 주장하였다.

"모든 것을 실현시키고 달성시키는 열쇠는 목표 설정에 있다. 나의 성공 75%는 목표 설정에 있었다고 단언할 수 있다. 꿈은 정적인 생각이고 목표는 움직이는 행동이다."

갈릴레오 갈릴레이Galileo Galilei는 "지구상에서 어느 누구도 당신을 가르칠 수 없다"고 했다. 사람은 목표가 있을 때 세운 목표로부터 스스로 배울 수 있다.

황제 펭귄은 남극의 겨울에 번식하는 새이다. 3월이 되면 수컷은 100km나 떨어진 내륙 깊숙이 걸어 들어가 암컷이 돌아올 때까지 40일 이상이나 먹이를 먹지 않고 기다렸다가 짝을 짓는다. 암컷이 알을 낳으면 수컷은 알을 품은 채 두 달 이상 먹이를 먹지 않는다. 바다로 나간 암컷이 새끼가 부화할 때쯤 돌아오면 이번에는 수컷이 약 한달 가량 바다로 나간다.

펭귄은
2세를 위해 100Km나
걷는다

펭귄에게 왜 사느냐고 묻는다면 고참 펭귄이 이렇게 말할지 모르겠다.

"나는 2세를 얻기 위해 산다!"

펭귄의 목표 설정 능력은 대단하다 못해 감탄스럽다. 2세를 갖기 위해 펭귄 부모들은 철저한 목표와 계획을 세운다.

첫째, 내륙으로 100킬로를 걸어서 들어간다.

둘째, 암컷이 돌아올 때까지 40일 이상 기다린다.

셋째, 알을 낳으면 알을 품은 채로 두 달 동안 먹이를 먹지 않는다.

넷째, 한 달씩 임무 교대를 하면서 키운다.

모든 일에는 목표가 정확하게 설정되어야 한다. 펭귄들도 한결같이 수치화해서 그들의 2세를 준비하고 있다. 목표를 설정할 때 수치를 적어두지 않으면 길을 잃어버리기 때문이다.

만약 당신이 누군가에게 자신의 체력에 대해 말할 때 생각의 구체화가 잘 되어 있지 않은 사람은 이렇게 표현할 것이다.

"나는 체력이 아주 좋습니다."

그러나 생각의 구체화가 잘 되어 있는 사람이라면 이렇게 말할 것이다.

"저는 마라톤 완주 4회의 경험이 있습니다."

전자와 후자 사이에 표현의 차이는 차원이 다르다.

목적 있는 삶은 아름답다.

황제 펭귄처럼 실현 가능한 것을 목표로 세우라. 황제 펭귄이나 임금 펭귄은 알을 품을 때 곧추 서서 발 위에 알을 놓고 아랫배의 피부로 감싸서 품는다. 그들이 알을 품을 때 무슨 생각을 하면서 두 달 동안이나 곧추 서 있겠는가? 한 마리의 귀여운 새끼 펭귄을 얻기 위함일 것이다.

★ 인생 성공 비밀 ★

1. 긍정의 생각을 품고, 긍정을 말을 하라

● Check Point

긍정의 생각은 기존 생각의 틀을 깨고 새로운 아이디어를 창출하는 원동력이 된다. 나는 얼마나 유연한 사람인지, 고정관념에서 쉽게 탈피 할 수 있는 사람인지 꼼꼼히 따져보라.

2. 당신의 잠재력을 이끌어 내라

● Check Point

잠재력을 이끌어 내는 것은 반복의 힘이다. 나의 장점을 좀 더 개발하고 잠재력을 이끌어 내기 위해 평소에 얼마나 많은 시간을 투자하고 있는지 돌아보라.

3. 당신의 삶에 전진 기어를 달아라

● Check Point

나는 성공을 향해 가고 있는가? 가치 있는 삶을 위해 살고 있는가? 내 삶의 방향을 정확하게 알고 앞으로 나아간다면, 결국 내가 원하던 모습이 현실이 될 것이다.

4. 목적이 분명한 삶을 살아라

● Check Point

구체적인 삶의 목표를 정하였는가? 그렇다면 그것을 글로 적어라. 그리고 그것을 매일 바라보며 목적 달성을 위해 추진해 나가라.

개구리는 알에서 올챙이로 한 번 변신했다가 2단계에서는 대변신을 시도해 개구리가 된다. 삶의 지경(地境)을 일시에 수중에서 육지까지 연장시키는 것이다. 올챙이의 변신은 초기에는 앞다리와 뒷다리에 집중되고, 점진적으로 살아가는 데 별 필요 없는 꼬리 부분을 과감하게 정리한다. 생(生)의 2막을 화려하게 펼치기 위해 장(腸)을 짧게 할 뿐만 아니라 아가미조차 없애버리고, 오직 "개굴개굴" 소리를 우렁차게 내기 위해 '허파'를 발달시키는 데 온 힘을 쏟는다.

개구리는 변온동물로 주위의 온도 변화에 민감하다. 온도에 따라 자신의 체온을 조절하며 변화에 대응하는 능력이 아주 뛰어나다. 개구리는 한번 움츠렸다 뛰면 놀랄 만큼 멀리 뛸 수 있다. 오늘도 개구리는 자신의 브랜드 개발을 위해 '폴짝 뛰기' 연습을 멈추지 않는다.

'인생 2막'을 열어라

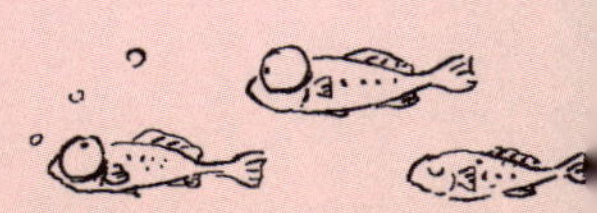

개구리 이야기

어느 날 올챙이 한 마리가 송사리를 만났다. 올챙이는 송사리에게 말했다.

"정말이지 매일 똑같이 떼로 몰려다니는 데 질렸어. 저들과 뭔가 좀 색다른 삶을 살고 싶어. 나는 '내가 내 삶의 주인이 되는 그런 삶'을 찾아 무리를 떠나고 싶어."

그러자 송사리가 비웃듯이 말했다.

"이봐, 우리처럼 작고 약한 존재들은 결코 혼자 살아갈 수 없어. 우리랑 별로 다르게 생기지도 않은 것 같은데, 그냥 현재에 만족하면서 사는 게 어때?"

올챙이는 깊은 한숨을 쉬었다.

"정말 그런 걸까? 그냥 이대로 살아야 하는 걸까?"

올챙이는 수천 개의 알 중의 하나로 태어났다. 한때 개울에는 올챙이 식구밖에 없었다. 아침저녁으로 떼지어 다니는 생활에 올챙이는 싫증이 났다. 단 하루만이라도 그 삶에서 벗어나고 싶었다. 하지만 송사리의 말이 맞는지도 몰랐다. 올챙이는 개울 밖의 육지 세상이 궁금했지만 머리와 몸통만 겨우 달린 몸으로는 꿈도 꿀 수 없는 일이었다.

올챙이는 혼자 돌아다니면 위험하다는 것을 알면서도 울적한 마음에 개울가를 이리저리 기웃거리며 헤엄쳐 다녔다. 그때 어디선가 세상에서 가장 멋진 노랫소리가 들렸다.

"개굴개굴~"

올챙이는 깜짝 놀라 물 밖으로 고개를 내밀고 두리번거렸다. 그때 단단한 다리 근육이 유난히 멋져 보이는 개구리 한 마리가 폴짝 뛰어 올챙이 눈앞에 나타났다. 올챙이는 그 모습에 압도되어 숨을 죽인 채 두 눈만 깜빡거리고 있었다.

'정말 멋진 다리를 가지고 있네. 내게도 저런 다리가 있다면 얼마나 좋을까?'

올챙이가 그런 생각을 하고 있는데, 개구리가 이번에는 입 속의 혀를 죽 내밀어 날아가는 파리를 재빠르게 낚아채 먹는 게 아닌가.

너무나 순식간에 일어난 일이라 올챙이는 자신의 눈을 의심했다.

'우와, 환상적인 사냥 실력까지! 너무나 멋진 분이로구나.'

올챙이는 개구리가 어딘가로 다시 폴짝 뛰어가 버리기 전에 말이라도 한번 걸어봐야겠다고 생각했다. 그래서 용기를 내어 큰 소리로 개구리를 불렀다.

"저기요!"

"나 말이냐?"

개구리가 물속의 올챙이를 쳐다보며 물었다.

"네. 실례가 되지 않는다면 저와 잠시 이야기를 나누시겠습니까?"

개구리는 평소 같으면 귀찮아서 올챙이 따위는 무시해 버렸겠지만, 마침 맛있는 파리를 포식한 뒤라 너그러운 기분이 되었다.

"좋아. 무슨 이야기를 하고 싶지?"

"저는 너무 슬퍼요."

올챙이의 신세타령이 이어졌다.

"날마다 이리저리 떼를 지어 다니는 것에 질렸어요. 저도 개구리님처럼 육지에서 사냥도 하고 멋지게 폴짝 뛰기도 하고 싶어요. 하지만 보시다시피 저에게는 볼록한 배와 꼬리밖에 없답니다. 아, 저는 어떻게 하면 개구리님처럼 멋진 삶을 살 수 있을까요?"

　개구리는

그 동안 까맣게 잊고 지냈던 자신의

올챙이 적 일이 생각났다. 그냥 아무 생각 없이 올

챙이 무리 속에 살던 자신의 모습과 지금 마음껏 육지와 물을 오가

며 지낼 수 있는 개구리로 살아가는 모습은 그야말로 천양지차였다.

　'요 올챙이 녀석, 자신이 언젠가 개구리가 될 것이라는 것을 모르

는 모양이군. 어디 조금 놀려줘 볼까? 심심하던 차에 잘됐군.'

　장난기가 발동한 개구리는 올챙이를 놀려줄 생각을 했다.

　"올챙이 주제에 감히 개구리처럼 폴짝 뛰기를 하고 싶다는 거냐?"

　개구리가 두 눈을 부릅뜨며 말하자 올챙이는 그만 주눅이 들고 말

았다.

　'역시 내가 너무 무리한 꿈을 꾼 것일까?'

　올챙이의 생각을 읽기라도 한 듯 개구리가 말했다.

　"하지만 방법이 전혀 없는 것도 아니지."

"정말이요? 정말 방법이 있어요?"

"알고 싶으냐?"

"그럼요. 정말 알고 싶어요. 제발 알려주세요."

"좋다. 그러면 매일 이 시간에 이곳으로 오너라. 하루도 빼먹으면 안 된다. 알았느냐?"

"네, 알았어요."

다음날부터 날마다 올챙이는 개구리와 약속한 장소로 나갔다. 그런데 그것도 쉬운 일은 아니었다. 올챙이가 무리에서 혼자 빠져 나와 돌아다니다 보면 위험천만한 일이 한두 가지가 아니었다. 무서운 물고기를 만난 경우도 있었고, 폭우가 내려 빠른 물살에 휩쓸릴 뻔한 일도 있었다. 그래도 올챙이는 하루도 빠짐없이 개구리와 약속한 장소로 나갔다. 그러나 야속하게도 개구리는 그런 올챙이에게 개구리가 되는 비법을 가르쳐주기는커녕 괜히 딴소리만 하다가 내일 다시 오라며 되돌려 보내기 일쑤였다.

'개구리가 되는 방법이 있긴 한 걸까? 개구리님이 괜히 나를 놀리려고 그런 것은 아닐까?'

올챙이는 그런 생각이 들기도 했지만, 그래도 매일 혹시나 하는 마음으로 개구리를 찾아갔다. 그런데 이상한 일이 일어나기 시작했다. 언제부터인가 올챙이의 몸통에서 다리 비슷한 것이 자라기 시작한 것이었다. 그러더니 꼬리가 점점 짧아졌다.

'이상하다… 도대체 이게 뭐지?'

올챙이는 처음에 그것이 개구리로 변하기 위한 변태의 시작이라는 것을 알지 못했다. 그런데 점점 뒷다리가 커지고 앞다리가 자리를 잡아가는 것이었다.

"개구리님, 저를 보세요. 저에게도 다리가 생겼어요."

"축하한다! 드디어 너도 소원대로 개구리가 돼가는구나."

"제가 개구리가 된다고요?"

올챙이는 믿어지지가 않았다.

"실은… 나도 예전엔 너 같은 올챙이였단다."

"개구리님이요? 에이, 설마요?"

"지금 내 모습은 옛날과 전혀 달랐어. 좀 부끄러운 이야기지만 처음엔 나도 머리와 몸통만 겨우 달려 있었어. 꼬리는 길고 허리는 볼록하고 꼭 오뚝이처럼 말이야. 다른 올챙이들과 날마다 이리저리 떼를 지어서 다녔지 뭐야. 하지만 내게 곧 엄청난 변화가 생기기 시작했어. 어느 날 머리가 막 부풀어오르고 갑자기 꼬리가 사라지더니 몸에서 뭔가 나오기 시작했어. 내가 원래 꼬리가 굉장히 길었거든.

그때에 비하면 지금은 궁궐에서 누리는 삶이야. 육지에 혼자 나가 여행도 할 수 있지, 물속에 들어가 어디든 가고 싶은 데로 헤엄칠 수 있지. 이제야 내 삶을 찾은 것 같아. 평생 올챙이로 살아야 하나 보다고 걱정이 태산 같았거든. 지금도 상상하면 아찔해."

"그렇다면 나도 완전한 개구리가 될 수 있겠네요?"

"물론이지."

"그런데 왜 진작 그 방법을 가르쳐 주지 않으셨어요?"

"사실 방법은 나도 잘 모른단다. 저절로 그렇게 되었으니까. 나는 너도 곧 나처럼 개구리가 될 것을 알고 있었단다."

"그러면 그 동안 저를 놀리신 거예요?"

"미안하게 됐구나. 하지만 난 새로운 도약을 위한 너의 열정과 의지가 얼마나 뜨거운지 알고 싶었단다. 그런데 넌 그 동안 네가 훌륭한 개구리로 살아갈 거라는 것을 나와의 약속을 통해 보여주었다. 그 점에 경의를 표한다."

올챙이는 머릿속이 복잡했다. 지금 개구리에게 화를 내야 하는지, 아니면 고맙다고 해야 하는지… 어쨌든 올챙이는 모든 것을 제쳐두고 자신이 개구리가 될 수 있다는 사실에 흥분이 되고 기뻤다.

"축하한다. 그런 뜻에서 네게 멋진 이름을 지어주마. '와우 개구리’ 어떠냐?”

“와우 개구리? 와우~ 멋져요!”

이렇게 해서 유명한 ‘와우 개구리’가 탄생하게 되었다.

어느덧 튼튼한 다리 근육을 가진 개구리로 재탄생한 와우 개구리는 개울 밖 세상을 마음껏 돌아다녔다. 와우 개구리는 올챙이 적에 살던 개울보다 훨씬 넓고 깊은 강도 보았고, 사람들이 사는 마을도 구경했다. 그렇게 세상 구경을 하면서 많은 개구리 친구들을 만났다.

한번은 사람들 마을 근처까지 갔다가 커다란 우물 하나를 발견했다. 마침 목도 마르고 피부도 건조해진 것 같아서 와우 개구리는 우물에 들어가 몸을 적시고 잠시 쉬어 가려고 했다. 그곳에서 와우 개구리는 한 무리의 개구리 가족을 만났다.

“안녕하세요, 저는 와우 개구리라고 합니다.”

와우 개구리가 인사를 하자, 개구리 가족의 가장인 듯한 개구리가 우물 한가운데 있는 돌 위에 거만하게 앉아서 와우 개구리에게 물었다.

“너는 어디서 왔느냐?”

“우물 밖 세상에서 왔습니다.”

그러자 가장 개구리가 우물가를 한 바퀴 돌더니 물었다.

"우물 밖 세상이 이보다 더 크냐?"

와우 개구리는 가장 개구리의 행동이 우스꽝스러웠지만 손님이니 예의를 갖춰야겠다는 생각에 성심껏 대답했다.

"이것보다 대단히 큽니다."

와우 개구리가 그렇게 말하자, 개구리 가족들이 동요하기 시작했다. 그러자 가장 개구리가 헛기침을 크게 하면서 이번에는 우물 속에 첨벙하고 들어가더니 바닥까지 갔다가 나왔다. 그리고는 다시 와우 개구리에게 물었다.

"우물 밖 세상이 이보다 깊으냐?"

"그보다 더 깊지요. 저는 이보다 열 배는 더 깊은 강물도 헤엄쳐 봤답니다."

이번에도 개구리 가족들이 동요하며 웅성거리자, 가장 개구리는 벌컥 화를 내며 말했다.

"너는 거짓말쟁이로구나. 천하에 어디 이 우물보다 더 크고 깊은 물이 있겠느냐?"

그러더니 개구리 가족을 향해 말했다.

"세상에 이 우물보다 더 큰 세상은 없다. 알겠느냐?"

그러자 개구리 가족들이 일제히 고개를 끄덕이며 '개골개골' 소리로 화답했다. 와우 개구리는 억울하게 거짓말쟁이로 몰려 우물에서 쫓겨나고 말았다.

와우 개구리는 생각했다.

'참으로 어리석은 개구리 가족이구나. 왜 사람들이 우리 개구리들을 우물 안 개구리라고 놀리는지 알 만하다. 저렇게 시야가 좁아서야, 이 험하고 거친 세상의 풍랑을 어찌 이겨낼까. 그 집 아이들이 불쌍하군.'

와우 개구리는 이번엔 사람들이 사는 마을 근처의 저수지로 놀러 갔다. 그곳의 개구리 친구들은 언제나 사람 세상에서 일어난 이야기들을 재미있게 들려주었다.

"어이 친구들, 그 동안 잘 지냈나? 뭐 좀 새로운 소식이 있으면 들려주게."

"어서 오게."

저수지 개구리들은 와우 개구리를 반갑게 맞아주었다. 그리고 얼마 전에 있었던 '개구리 대량 실종' 사건에 대한 이야기를 들려주었다. 가히 충격적인 이야기였다.

사건의 전말은 이러했다. 사람들 사회에서 개구리 요리가 유행했다. 사람들은 저수지 근처에서 놀고 있던 개구리들을 대량으로 생포하여 고급 레스토랑에 가져다 팔았다. 그렇게 잡혀간 개구리들은 한동안 커다란 수조에 담겨 지냈다. 저수지의 물과 비슷한 온도여서 개구리들은 잡혀 왔다는 사실도 망각한 채 평화롭게 지냈다고 한다. 그리고 얼마 후 사람들은 개구리들을 주방의 커다란 냄비로 옮겨놓았다. 그런데 그 냄비 안에 담긴 물이 적당히 미지근한 것이 개구리들이 아주 좋아하는 온도였다. 개구리는 자신들이 레스토랑 주방장의 야심 찬 새 요리의 재료가 된 줄도 모르고, 오랜만에 온천이라고도 하는 기분으로 느긋하게 냄비 안을 헤엄쳐 다녔다. 사람들은 영리하게도 개구리를 갑자기 팔팔 끓는 물에 넣으면 온도에 민감한 개구리가 펄쩍 튀어 도망갈까 봐 일부러 개구리가 좋아하는 온도의 물을 준비해 놓은 것이다. 그리고 개구리가 감지하지 못할 정도로 서서히 물의 온도를 높이기 시작했다.

"물의 온도를 서서히 올려? 그러면 어떻게 되는 거지?"

이런 해괴한 이야기는 처음 들어보는 와우 개구리가 저수지 개구리들에게 다음 이야기를 재촉했다.

"우리 개구리들은 차가운 물에서 꺼내 갑자기 뜨거운 물에 집어넣으면 1초도 못 견디고 뛰쳐나오게 될 거야. 우리 피부는 알다시피 급

작스런 변화에는 아주 민감하기 때문이지. 그런데 온도를 서서히 1도씩 올리니까 우리 동료들은 온도 변화를 거의 느끼지 못한 거야. 그것이 결정적인 잘못이었어. 물의 온도가 상승하는 가운데 서서히 개구리 몸의 기능은 망가져 가고 있었어. 처음엔 신바람이 났겠지. 그러나 어느 단계를 넘어서면서 뒷다리에 더 이상 힘을 줄 수가 없었어. 이미 힘이 빠진 거지. 혼미한 가운데 우리 동료 개구리들은 있는 힘껏 뒷다리에 힘을 주었지만 꼼짝도 하지 않았어. 앞다리를 휘둘러 보았지만 소용이 없었지. 두고 온 가족들을 생각하면서 그들은 그렇게 죽었을 거야.”

“정말 끔찍하게 무서운 이야기군.”

저수지 개구리들이 들려주는 생생한 이야기에 와우 개구리는 치를 떨었다.

“우리는 외부 변화에 민감한 개구리가 되어야 해!”

저수지 개구리 중에서 가장 똑똑한 개구리가 결연한 표정으로 말했다.

“아마 동료 개구리들은 난생 처음 그런 기분을 느꼈을 거야. 따뜻하기 그지없고 뒷다리에 힘이 쫙 풀리더니 이전에는 느끼지 못한 편안함이 좋았을 거야. 사람 사회에서는 우리가 어떤 온도를 가장 좋아하는지 너무나 잘 알고 있어. 그 온도의 물에서는 세상만사 다 잊을 만큼 기분이 좋은 거지. 종종 봄철이나 여름철에 자네들도 경험했을 거야. 게으름, 이다음에 하지, 차차 하지, 좀더 졸자, 좀더 자자! 이런 생각과 행동들이 우리의 삶을 점점 후퇴시키는 것들이야. 점진적 온도 변화에 너무 쉽게 적응하는 개구리 동지들! 그게 우리의 가장 큰 약점이니 해마다 고쳐 나가야 한다네. 우리가 보완하고 갱신하지 않으면 언제 어디서 우리 동료들이 한꺼번에 사라질지 몰라."

그 저수지 개구리는 마치 연단에 선 연사처럼 힘주어 말했다. 와우 개구리는 고개를 끄덕였다. 그의 말이 다 옳았기 때문이다.

"오늘은 우리가 저녁을 대접하도록 하겠네. 저쪽 개울 건너 숲속 근처에 가면 신선한 먹이들이 많이 있다네."

저수지 개구리들은 친절하게도 와우 개구리를 그들의 저녁 식사에 초대했다.

"어때, 함께 가겠나?"

"물론이지."

와우 개구리는 기꺼이 따라나섰다. 그런데 개울 근처에 다다랐을

즈음, 갑자기 하늘에서 소나기가 쏟아지기 시작했다.

"이렇게 갑자기 비가 내릴 줄 몰랐어. 이봐, 친구들 어서 개울을 건너도록 하세. 아무래도 금방 물이 불어날 것 같아."

저수지 개구리들이 일제히 폴짝 뛰어 개울을 건너갔다. 이제 와우 개구리리가 개울을 건널 차례였다. 그러나 순간, 와우 개구리는 그만 개울 앞에 딱 멈추어 서고 말았다. 굵어진 빗방울에 개울의 물살이 불어나 거세졌기 때문이다. 아무리 잘 뛰는 개구리라도 단번에 개울을 건너뛰기는 어려울 것 같았다.

"와우야, 이러다 저녁 시간에 늦겠어. 어서 건너와!"

와우 개구리는 재촉하는 친구들의 목소리가 먼 꿈나라에서 들리는 소리인 양 아득하게만 느껴졌다.

'아, 어쩌면 좋지?'

와우 개구리는 머릿속이 복잡해지기 시작했다. 세차게 흐르는 물살을 보면 다리가 후들거려 꼼짝도 할 수 없는데, 건너편의 친구들은 그런 와우 개구리의 속사정도 모르고 어서 건너오라고 재촉만 하고 있으니 말이다.

'내가 무서워서 못 뛰겠다고 하면 분명 겁쟁이라고 놀리겠지? 하지만 그냥 뛰었다가 물에 빠지면? 아, 안 돼, 안 돼!'

이러나저러나 친구들에게 자신의 뛰기 실력이 형편없다는 사실을 들키게 될 게 뻔했다. 와우는 두 눈을 질끈 감아버렸다. 그리고 자신이 지금 할 수 있는 일이 무엇인지 머릿속으로 재빨리 그려봤다.

'첫째, 비가 그치고 물살이 잔잔해질 때까지 일단 기다려보는 거다. 하지만 이건 너무 소극적인 태도가 아닐까? 무작정 기다리는 것이 내 삶의 철학도 아니고 말야. 에이, 이 방법은 일단 제외다. 둘째, 물살이 가장 약한 곳을 찾아서 돌아가자. 하지만 이것도 너무 많은 시간이 걸릴 거야. 게다가 괜히 돌아가다가 험한 절벽이라도 만나면 더 낭패잖아? 흠, 이 방법도 역시 안 되겠어. 셋째, 밧줄을 몸에 달고 건너는 거다. 그러려면 나 혼자서는 무리고 친구들의 도움이 필요해. 하지만 친구들의 도움을 받아서 건너는 건 아무래도 체면이 안 서잖아. 넷째, 그 동안 터득한 수영 솜씨와 경험을 살려서 과감히 건너자. 그래, 결국 이 방법밖에 없겠어!'

와우 개구리는 구체적인 계획을 세우기 시작했다. 개울 건너 친구들은 기다리다 지쳐 진작 가버렸지만 와우 개구리에게 그것은 그리 중요하지 않았다. 오로지 자신이 이 개울을 건널 수 있는가 없는가에만 온 정신을 집중했다. 와우 개구리는 마침내 심호흡을 한 번 하고 거센 물 위로 첨벙 뛰어내렸다.

아 ! 그런데 물이 생각보다 너무 차가웠다. 뛰어들기 전에 물의 온도를 조사했어야 했는데 미처 생각하지 못했던 것이다. 와우 개구리는 순간 아찔했다. 다시 육지로 돌아가고 싶은 마음뿐이었다. 그러나 이미 몸은 와우 개구리가 조절할 수 있는 상황이 아니었다. 몸속 깊숙한 곳부터 한기가 들기 시작했다. 갑자기 온도가 내려가니까 등이 쭈그러드는 듯한 통증도 생겼다. 설상가상으로 앞다리와 뒷다리를 아무리 휘저으려고 해도 물이 너무 차서 생각대로 움직여지지 않았다.

'내가 왜 그 동안 폴짝 뛰기와 헤엄치기 연습을 게을리 했을까.'

그러나 뒤늦게 후회해 봤자 소용없었다.

와우 개구리는 정신을 잃지 않으려고 애쓰면서 있는 힘을 다해 움직였다. 그러나 목표 지점을 눈앞에 두고도 더 이상 앞으로 나아갈 수 없었다. 목표 지점 근방에 가니까 물살이 두 배나 더 세었기 때문이다.

'이렇게 둥둥 계속 떠내려가다간 죽고 말 거야.'

그런 생각이 들자 정신이 번쩍 들었다.

'이대로 포기할 순 없지.'

와우 개구리는 다시 한 번 자세를 가다듬었다. 정신만 차리면 살 수 있다는 조상들의 교훈을 생각하면서… 그러자 점차 수온에 적응이 되면서 물살을 헤쳐 나갈 힘이 생겼다. 극한 상황이 되니까 자신도 모르게 대담해지기 시작했다. 와우 개구리는 자신에게 그런 의지력이 있다는 사실에 새삼 놀랐다.

하지만 그것도 잠시, 갑자기 눈앞에 무엇인가 번쩍했고 와우 개구리는 그대로 정신을 잃고 말았다. 거친 물살에 떠내려오던 어떤 물체에 그만 머리를 부딪치고 만 것이다.

얼마가 지났을까. 와우 개구리의 정신이 돌아왔다. 온몸은 멍들고 피가 나고 망신창이가 되어 있었지만 다행히 나뭇가지 하나에 몸을 의지한 채 물 위에 떠 있었다. 어느새 비도 멎고 하늘 저쪽 편에 무지개가 솟아 있었다. 푸른 하늘을 보니 살 것 같았다.

"휴, 살았구나!"

입에서 저절로 감탄사가 터져 나왔다. 평소엔 아무런 관심 없이 지나치던 나뭇가지 하나가 자신의 목숨을 살렸다고 생각하니 그렇게 고마울 수가 없었다. 가끔씩 물살에 출렁이기는 했지만 견딜 만했다. 잠시 후, 물살을 따라 둥둥 떠가던 나뭇가지가 풀숲에 걸리면서 와우는 마침내 개울 건너 땅 위로 올라설 수 있었다.

와우는 친구들이 볼까 봐 몰래 숲속으로 들어갔다. 온몸에 기운이 빠져서 뛸 힘조차 없었다. 한참을 힘겹게 걷다 보니 잎이 울창한 나무가 보였다. 몸을 숨기고 쉬기에 좋은 곳이었다. 나무 아래 몸을 기대고 앉아 와우 개구리는 한참 동안 생각에 잠겼다.

와우 개구리는 자신이 개구리가 된 사실에만 흥분하여 세상을 돌아다니기만 했지 개구리의 가장 기본적인 실력인 폴짝 뛰기와 헤엄치기 연습은 게을리 했다. 물론 세상을 돌아다니면서 많은 지혜를 얻었지만, 그런 지혜가 온전히 자신의 힘이 되게 하기 위해서는 가장 기본적인 훈련에 충실해야 한다는 사실을 잊고 있었던 것이다.

'개구리는 날마다 뛰어야 한다. 그래야 진정한 최고의 개구리로서 인정받을 수 있는 것이다!'

폴짝 뛰기의 중요성을 다시 한 번 깨달은 와우 개구리는 폴짝 뛰기의 달인들을 찾아다녔다. 그들의 이야기를 통해 보다 큰 깨달음을 얻기 위해서였다. 처음으로 찾아간 폴짝 뛰기의 달인은 개구리 마을의 최고령 폴짝 뛰기 달인이었다.

"와우 개구리 자네가 웬일인가?"

"어르신께 가르침을 받고자 왔습니다."

최고령 달인 개구리는 역시 연륜에 어울리는 지침을 주셨다.

"무엇보다 확실한 목표 의식이 있어야 해. 나 역시 지난날을 되돌아보면 대충대충 살았지. 꿈도 삶의 목표도 없었어. 앞의 개구리가 뛰면 나도 뛰었어. 그러다 보니 어떨 때에는 다시 제자리로 오기도 하고 절벽에서 떨어지는 일도 있었어. 이제 우리 개구리사회에서도 뭔가 새로운 것을 추구해야 해. 사람 사회에서는 요즘 하나를 해도 딱 부러지게 해야 살아갈 수 있다고 하지. 나 역시 그것에 동감한다네. 지금 사람사회에서는 지식의 10% 이상이 매년 사라지고 있어. 양서류인 우리도 변해야 해. 자기만의 확실한 목표를 가지고 새로운 방식의 뛰기 방법을 모색해야겠지."

"과연 옳으신 말씀입니다."

와우 개구리는 나이 많은 최고령 개구리가 오히려 새로움을 추구해야 한다는 혁신적인 생각을 하고 있는 것에 감탄했다.

"그 말씀 깊이 새기겠습니다."

와우 개구리가 다음으로 찾아간 개구리는 전년도 '폴짝 뛰기 대회' 챔피언이었다.

"우승 비결이 무엇입니까?"

챔피언 개구리가 호탕하게 웃으며 거침없이 이야기를 시작했다.

"제가 특별히 뒷다리 힘이 좋아 멀리, 그리고 높이 뛸 수 있는 것

이 아닙니다. 거기에는 남모르는 노력과 땀
이 있었습니다. 저도 여러분과 똑같은 신분입니
다. 여러분이 통나무 위에서 쉬고 있는 동안 저는 하루
에 적어도 100회 이상 통나무 위에서 뛰는 연습을 했습니다.
반복 또 반복했지요. 사람사회에서도 어느 누군가가 이렇게 말했답
니다. '연습만이 천재를 낳는다!' 저는 그 이야기를 듣고 정말 나도
반복하면 되겠구나 하고 생각했습니다. 처음엔 힘들고 어려웠지요.
언젠가 통나무 위에서 연습을 하는데 동료들이 이런 이야기를 했습
니다.

'그렇게 뛴다고 멀리 나가나? 네 근육이나 내 근육이나 다 조상이
같은데.'

'나도 옛날에 열심히 해봤는데 거리가 늘지 않았거든.'

'맞아, 뒷골 철덕이 개구리도 멀리뛰기 대회에 나간다고 아마 1년
을 꼬박 훈련했지. 그런데 입상도 못했는걸.'

하나같이 부정적인 얘기들뿐이었습니다. 저는 그때 이렇게 대답한
기억이 납니다.

'맞습니다. 그들은 입상하지 못했습니다. 저는 제 한계를 뛰어넘
기 위해 현재의 저를 잊었습니다. 이전에 보지 못한 제 모습을 꿈꾸

고 상상했습니다. 상상한 것을 꿈꾸고 말하고 행동으로 옮기기 위해서 노력했을 뿐입니다. 그것이 제 비법입니다.' 그랬더니 개구리 동지들이 갑자기 숙연해지더군요."

와우 개구리는 역시 챔피언은 뭔가 달라도 다르다고 생각했다.

"그 말씀을 들으니 제 자신이 부끄러워지는군요. 저는 지금 이 순간 결심했습니다. 이전에 화려했던 제 모습을 모두 잊겠습니다. 오로지 친구들 앞에서 개울을 건너지 못했던 못난 제 모습만을 기억하겠습니다. 그리고 다시 한 번 멋지게 폴짝 뛰기를 할 수 있는 제 모습을 상상하도록 하겠습니다."

와우 개구리는 챔피언 개구리 앞에서 다짐하듯 그렇게 말했다. 그러자 챔피언 개구리가 격려의 뜻으로 폴짝 뛰기 시범을 보여주었다. 뒷다리를 한번 쫙 뻗으며 땅바닥을 치니 챔피언 개구리의 몸이 스프링이 튕겨 나가는 것처럼 공중으로 높이 치솟았다. 그리고 목표 지점에 안정적으로 가볍게 착지! 그야말로 군더더기 하나 없는 멋진 동작이었다.

"정말 훌륭하십니다. 저도 그런 멋진 폴짝 뛰기를 할 수 있을 때까지 연습을 게을리 하지 않겠습니다."

"잘 생각했습니다. 뛰기 운동을 그만두면 그만큼 힘들어집니다.

개구리하면 뛰기 아닙니까? 모두들 더 열심히 훈련하여 폴짝 뛰기를 우리 개구리의 대표 브랜드로 확실하게 다져 나갑시다.”

챔피언과 헤어지고 돌아오는 길에 와우 개구리는 어린 신참 개구리들이나 들어가는 ‘폴짝 뛰기 훈련소’에 입학 원서를 내고 왔다. 조금 부끄러운 생각이 들기도 했지만 배움에는 끝이 없다고 하지 않던가. 만약 지금 잠깐 동안의 부끄러움을 극복하지 못한다면 다시는 아무것도 제대로 해낼 수 없을 것 같았다.

‘우리 개구리가 움츠리는 것은 더 멀리, 더 높이, 그리고 더 정확하게 목표점에 다다르기 위해서다. 지금 내 모습에 기죽을 필요 없다. 나는 앞으로 더 멋지게 변신할 테니까!’

와우 개구리는 마음속으로 그렇게 다짐했다. 그러자 자기도 모르게 뒷다리에 불끈 힘이 들어가는 것이었다.

개구리로부터 배우는
인생 성공 비밀

1. 인생 2막을 열어라

자동차를 타지 마라. 사망 사고의 20%를 차지한다.

비행기나 열차나 배로 여행하지 마라. 모든 사고의 16%를 차지한다.

거리를 걸어다니지 마라. 모든 사고의 15%가 보행할 때 일어난다.

집에 있지 마라. 모든 사고의 16%나 집에서 일어난다.

세상에 널려 있는 위험요소들을 생각하면 두려움 때문에 우리는 아무것도 할 수 없다. 올챙이는 과감한 시도로 개구리가 되었다. 누군가가 먼저 만들어놓은 길을 걸으면 편하고 쉽다. 그러나 그렇게 하면 현상유지는 될지 모르지만, 현재의 길대로만 계속가면 더 이상 인생의 발전은 없을 것이다.

나는 나이 마흔, 1999년에 인생 2막을 열었다. 태국과 미얀마 국경에 있는 난민촌을 방문하여 한번도 시도해 보지 않은 일을 시작하였다. 누군가가 내 생애 중에 가장 가치 있는 행동 열 가지만 택하라고 한다면 나는 두말없이 '난민촌 단기 봉사'를 넣을 것이다. 왜냐하면 1999년 단기 봉사를 다녀오면서 크게 두 가지가 바뀌었기 때문이다.

첫째는 봉사를 통해 가치 있게 살아가는 방법을 배웠고, 또 하나는 직장을 그만두고 새로운 환경기업을 만들었다. 그것은 나에게 커다란 시도였다. 봉사를 시작하던 그 해 6월에 10년간 다니던 회사를 떠났다. 1999년도에 시작한 난민촌 봉사는 이제 10여 년의 세월을 채웠다.

나에게 인생 2막이란, 내가 세운 기업을 성장시키는 데 있는 것이 아니라 이전보다 더 많은 시간을 이웃을 위해 사용하는 것이다. 나는 거기서 진정한 삶의 가치를 찾았고, 봉사를 통해서 내 인생의 참다운 가치를 맛보고 있다. 세상을 좀더 크게 바라볼 줄 알고, 더 넓은 땅을 다니며 인생을 나누어 본다는 것, 그것이 나에게는 인생 2막의 시작이요, 내가 이 땅에 살 동안 할 일이다.

한 기자가 거부트富에게 물었다.

"당신의 가치를 물어봐도 되겠습니까? 수백만 달러의 재산을 갖고 계신 것으로 알고 있는데요?"라고 하자 그 거부는 이렇게 답했다.

"사실입니다. 그러나 얼마를 갖고 있느냐가 아니고, 얼마를 누구에게 주었느냐가 참다운 기준이라고 생각합니다. 저는 작년에 40만 달러를 자선단체에 기부했습니다. 그러니 제 인생의 가치는 40만 달러지요."

언제인가 이화여자대학교 발전후원회 송년모임에서 강연을 한 적이 있었다. 40대 후반에서 80대 연령층을 대상으로 한 강연이었는데, 대부분 사회적으로 크게 성공한 사람들이었다. 그때 이런 이야기를 한 적이 있다.

"이제까지의 성공은 다 잊으십시오. 진짜 성공은 이 땅을 떠날 때까지 내가 좋아하는 일을 갖는 것입니다. 그 일을 찾을 때 참행복이 있고 성공이 있습니다."

"자기 일을 찾은 사람은 행복하다"고 영국 작가 토머스 칼라일 Thomas Carlyle은 말했다.

현재 내가 가는 길이 좁으면, 더 넓히는 방법을 찾아보라.

현재 내가 가는 길이 굽어 있으면, 펼 수 있는 방법을 찾아보라.

현재 내 앞에 길이 없으면, 새 길을 만드는 방법을 찾아보라.

그것이 인생 2막의 첫걸음이다.

2. 변 화 에 민 감 하 라

하루는 개구리가 사자를 찾아갔다.

"사자님. 우리 개구리는 한 번에 수천 개의 알을 낳습니다만, 사자님은 한 번에 새끼를 몇 마리나 낳습니까?"

그러자 사자는 이렇게 이야기했다.

"수천 개를 낳으면 뭘 하느냐? 너도 알다시피 그 중에 대부분은 뱀이 먹어버리지, 지나가다 뱁새가 먹지, 배고파서 죽지, 물살에 휩쓸려 엄마 잃은 고아들이 절반이지, 남는 새끼가 도대체 얼마나 되냐? 난 말이야, 한 번에 한 마리를 낳아도 백수百獸 중의 왕을 낳는단 말이야!"

시대의 흐름을 보면 지금은 대량생산이 아니라 다품종 소량 생산

시대다. 하나를 생산해도 잘 팔리는 상품, 하나를 알아도 똑 부러지게 알면 몸값이 올라가는 시대에 우리는 살고 있다.

어느 날 개구리가 시골집 담 밑에서 막 낮잠을 즐기려는데, 개 한 마리가 별안간 닭을 물어 죽이려 달려드는 광경을 목격하게 되었다. 개구리는 이제 저 닭은 꼼짝없이 죽었다고 생각했다. 그러나 개가 쏜살같이 달려들어 닭의 꽁무니를 물려고 하는 순간, 닭은 지붕 위로 휙 날아가 버렸다.

개구리는 자신의 눈이 의심스러울 정도였다. 기막힌 비장의 무기였다. 개구리는 닭이 그렇게 날개를 빠르게 움직이는 것을 한 번도 보지 못했던 것이다. 개구리는 닭을 보면서 언제나 자기보다 재주도 없고 볼품도 없다고 생각했다. 닭이 아무리 물려고 해도 개구리가 한번 마음먹고 폴짝 뛰어버리면 끝이었다. 뒤뚱뒤뚱 걸어가는 뒷모습을 보면 참 한심하다는 생각을 하곤 했다. 허구한 날 땅이나 파는 닭으로 생각했는데, 지붕 위로 휙 날아가는 모습을 보고 아연실색한 것이다.

닭의 모습을 보고 개구리는 크게 뉘우쳤다.

아! 닭은 뛰어난 유연성flexbility이 있구나!

닭은 매일 알을 낳으니 생산성productivity이 있구나!

또 날개를 달았으니 기동성mobility이 우수하구나!

개구리는 생각했다. 나는 정말 우물 안 개구리구나! 참 좁게 살았
구나. 내가 변하지 않고 가만히 있을 때 주위의 모든 것들은 변했어!
나도 닭처럼 유연성과 기동성이 있어야 해!

3. 내 자신의 힘을 키워라

벤자민 프랭클린이 말했다. "세상에는 아주 단단하고
어려운 것이 세 가지가 있다. '철', '다이아몬드',
그리고 '자신을 아는 것'이다."

내가 나를 알면 나의 힘을 키울 수가 있다. 그런데 자
신을 아는 것이 그렇게 힘들고 어렵다는 것이다. 인생의 힘은 언제
생기는가? 내가 나를 알 때 비로소 생기는 것이다.

첫째, 사고능력을 개발하라.

언젠가 나는 대학생들에게 동일한 과제물을 두 가지 방식으로 준
적이 있었다.

A그룹과 B그룹으로 나누어 주었는데, A그룹은 점수 기준을 질質, quality에 관계없이 양量, quantity에, B그룹은 질에 두고 평가를 하겠다고 했다.

그런데 이상한 일이 벌어졌다. 평가 점수가 좋은 학생들은 대부분 A그룹이었다. B그룹은 과제물의 질에 온통 에너지를 쏟느라 과제의 질이 오히려 A그룹보다 훨씬 뒤떨어졌다.

양에만 신경을 쓰고 과제물을 작성한 학생들은 생각의 유연성과 창의력이 있는 답안이 많이 나온 반면, 질에만 신경 쓴 학생들은 생각이 지나치게 고정적이고 이론에 얽매여 평가 점수가 낮았다. A그룹의 학생들은 말이 되든지 안 되든지 관계되는 말을 길게 늘여 썼다. 그 중에는 실패의 말, 부정의 말, 창조의 말, 상상의 말, 논리적인 말, 말도 안 되는 표현 등에 섞이어 가끔 기발한 아이디어가 쏟아져 나오기도 했다. 그런데 B그룹에서는 멋진 아이디어가 거의 나오지 않았다.

생각하라. 생각의 힘은 당신을 앞서가게 할 것이다.

개구리는 개울 앞에서 수많은 생각을 했다. 사물을 앞에 놓고 많은 생각을 하라. 개울을 건너보고서야 자신에게 힘이 필요하다는 것을 절실히 알게 되었다. 물속에서 실패를 맛보고서야 삶에 대한 전략이 생긴 것이다. 실패든 성공이든 당신 앞에 문제가 생기면 생각하라, 그리고 행동하라. 인생에서 유일하게 전진할 수 있는 길은 가능하면 일찍 실패하고, 실패를 통해 자주 깨닫고, 그리고 실패를 내딛고 계속 전진하는 것이다.

둘째, 긍정의 힘을 키워라.

어느 날 와우 개구리가 혁신적인 제안을 했다.

"우리도 일어서서 걸어 다닙시다!"

그러나 모든 개구리들이 한 목소리로 반대 의견을 내놓았다.

"그건 말도 안 돼요. 우리의 신분을 바꾸는 겁니다!"

"우리의 전통을 깨뜨릴 수 없습니다. 조상들을 욕보이는 짓입니다. 말도 안 돼요!"

"그렇게만 될 수 있다면 얼마나 좋겠습니까? 하지만 우리의 발바닥을 보십시오. 땅에서 뛰게 되어 있지 서 있게 되어 있지 않아요!"

"아마도 연습해서 일어서려면 30년은 걸릴걸요…!"

"한평생 걸음마 연습하다가 세월 다 갈걸요. 저는 이대로가 좋습니다."

"차라리 다리를 잘라 수술할 수 있다면 그게 더 빠르겠네요."

전국 각지에서 온 개구리 대표들 가운데 한 마리도 '가능성'이 있다고 말하지 않았다.

와우 개구리가 다시 입을 열었다.

"It is possible!"

변화는 어떻게 시작하는가? 그것은 '가능성possibility'에서 시작한다.

미국의 시인 롱펠로H.W.Longfellow는 "위대한 이들이 도달하고 지키는 정상은 갑자기 날아오른 곳이 아니며 그들은 동료들이 잠든 한밤에도 땀 흘려 올라간 곳이다"라고 했다.

내 자신이 변화하기 위해서는 무엇을 생각해야 하는가?

그리고 무엇을 가장 먼저 시도해야 하는가?

셋째, 말의 힘을 키워라.

생각의 변화는 말의 변화를 가져오고 말의 변화는 습관의 변화를 가져온다. 사람들은 한번 습관이 형성되면 95%는 거의 그대로 죽을 때까지 가지고 간다.

일상을 바꾸지 않는 한 결코 당신의 인생은 변하지 않는다. 공자는 "사람은 서로 비슷하다. 그러나 습관이 사람을 아주 다르게 만든다"라고 했다. 긍정의 말을 하는 습관을 길러라.

혹 누군가 이렇게 말할지도 모른다.

"아무도 그것을 시도해 본 사람이 없다!"

대신에 당신은 이렇게 말하라.

"내가 처음으로 할 기회를 얻었다!"

4. 당신의 인생 목적지를 향해 뛰어라

칠레의 산속 늪지에는 '리노데르마르'라는 특이한 작은 개구리가 살고 있다. 이 개구리의 암컷은 젤리 같은 물질에 싸인 알을 낳는다. 그러면 그 순간 옆에 있던 수컷이 알들을 모두 삼켜버린다. 물론 그것을 먹이처럼 완전히 삼키는 것은 아니고, 식도 부근에 있는 자신의 소리주머니 안에 알들을 소중히 간직하는 것이다.

그 알들이 성숙할 때까지 자신을 희생하는 것이다. 자신의 존재 이유며 중요한 쾌락인 우는 것도 포기하고, 소리주머니 안에 있는 새끼들의 안전을 위해 먹는 것까지도 포기한다. 수컷 개구리는 알들 이 완전히 성숙해지지 않는 한 결코 입을 벌리지 않는다. 그리하여 어느 날 알들이 완전히 성장했다고 판단되면 비로소 수컷 개구리는 자신의 입을 벌려 마치 긴 하품을 하듯 새끼 올챙이를 입에서 내보낸다.

이 개구리로부터 삶에 적용해야 할 세 가지를 배우게 된다.

첫째, 자기 짝인 암컷이 알을 낳는 순간, 삼켜서 뱃속의 소리주머니에 보관한다. 자신의 2세를 보기 위해 자기 삶을 모두 바친다.

둘째, 알이 성숙할 때까지 울지 않고 기다린다. 입을 벌리지도 않는다.

셋째, 알이 완전히 성장하면 알에서 깨어난 새끼 올챙이들을 소리주머니에서 밖으로 내보낸다.

그렇다면 우리가 목적지를 향해 뛸 때 가장 중요한 것은 무엇인가? 그것은 자신감이다. 성공의 95%는 자신감에서 온다.

★ 인생 성공 비밀 ★

1. 인생 2막을 열어라

● Check Point

인생 2막을 열어 최고의 순간을 맞이하라. 삶의 갱신을 위한 도약의 시기를 정하고 방법과 이유를 구체화시켜라.

2. 변화에 민감하라

● Check Point

변화에 민감한 사람만이 급변하는 정보화 시대에서 살아남는다. 내 삶의 변화, 혁신, 응용을 위해 나는 얼마나 노력하고 있는지 점검하라.

3. 내 자신의 힘을 키워라

● Check Point

인생의 변화를 위해서는 생각의 힘, 긍정의 힘, 열정의 힘, 말의 힘이 필요하다. 나는 이 네 가지를 키우기 위해 얼마나 많은 시간을 투자하고 있는지 돌아보라.

4. 당신의 인생 목적지를 향해 뛰어라

● Check Point

내가 가야할 목적지를 정확히 알고 있다는 것은 이미 변화를 위한 절반의 시작이다. 나머지 절반을 위해 무엇을 할 것인지 구체적인 프로젝트를 실행하라.

솔개는 날개와 꼬리가 길지만 체중은 가벼운 새다. 날갯짓을 할 때 소리가 나지 않아 먹이를 소리 없이 낚아챈다. 솔개가 좋아하는 사냥감은 살아 있는 토끼, 닭, 들쥐 등이지만 사냥감이 부족할 때는 물고기나 죽은 고기도 먹는다.

알에서 깬 새끼 솔개는 대개 40일이 지나면 비행연습을 시작한다. 어미 새는 새끼 솔개가 혼자서도 잘 날 수 있도록 훈련을 시킨다. 활짝 날개를 편 새끼 솔개가 힘차게 날개를 퍼덕이며 비행연습을 하는 이유는, 혼자서 먹이사냥을 하기 위해서이다. 더 잘 날고, 더 잘 사냥하기 위해서 솔개는 연습을 게을리 하지 않는다.

높이 날아 멀리 보는 솔개처럼

'꿈'을 품어라

솔개 이야기 

새끼 솔개 중 한 마리가 엄마 솔개에게 물었다.

"저는 언제쯤 엄마처럼 공중을 비행할 수 있어요?"

"때가 되면 엄마처럼 될 거야. 날개 달린 새는 언젠가 날게 돼 있 단다."

"제 날개는 엄마에 비하면 보잘것없는걸요."

"아니다. 때가 되면 이 엄마처럼 날개도 커지고 부리도 강성하게 자라날 거야."

"빨리 멋지게 창공을 날고 싶어요."

"그래, 언젠가 그날이 올 거다. 네가 꿈꾸는 하늘을 마음껏 비행할 날이 반드시 올 거야. 네가 그 꿈을 갖고 있는 한 꼭 하늘을 날게 될 게다."

그 새끼 솔개는 엄마가 물어다 준 먹이를 받아먹으며 생각했다. 언젠가 엄마처럼 멋지게 날아서 사냥을 하겠다고.

어느 날 아침, 갑자기 엄마 솔개는 새끼들의 보금자리를 이리저리 어지럽혔다. 그 동안 새끼들이 편안하게 살던 둥지를 무정하게 이리저리 부수고 헐어버렸다.

그러자 새끼 솔개들이 아우성을 쳤다.

"엄마! 왜 집을 부수뜨려요! 저희는 어떻게 살라고요!"

"이제 너희는 날개를 움직여 하늘을 날아야 한다! 언제까지 보금자리에만 머물러 있을 거니? 그러다가는 다른 새들의 먹잇감이 되고 말 거야. 살아남으려면 보금자리를 박차고 나와야 해. 그래야 성장할 수 있단다."

"엄마, 저는 아직 날개도 가냘프고 발톱도 겨우 났는걸요. 어떻게 먹이를 잡아요? 이대로 엄마 곁에 있을게요. 제발 좀더 있게 해주세요, 네?"

"그러면 네가 꿈꾸는 창공은 날 수 없단다. 지금 자리를 박차고 나와야 해. 너는 날 수 있어! 자신감을 가져!"

"…그래도 겁나요."

"정말 말로 해서는 안 되겠구나!"

화가 난 엄마 솔개는 그 새끼 솔개를 날개 위에다 업고서 공중 높이 올라가 떨어뜨려 버렸다.

"엄마! 저, 떨어져요!"

겁에 질린 새끼 솔개가 비명을 질렀다.

"날개를 아래위로 힘차게 움직여 봐! 그러면 앞으로 나아가게 될 거야!"

새끼 솔개는 엄마가 시키는 대로 아직은 작고 가냘픈 날개를 힘차게 아래위로 움직였다. 그러자 한없이 추락할 것 같았던 몸이 공중으로 붕 떠오르기 시작했다. 처음에는 바람 때문에 날개를 움직이는 게 힘들었지만, 한번 탄력이 붙기 시작하자 그 다음부터는 훨씬 쉬웠다.

"아, 엄마! 날개를 움직이니까 앞으로 날아가요. 우와! 신난다!"

첫 비행을 마친 새끼 솔개가 엄마에게 말했다.

"엄마, 날기 전에는 겁이 많이 났는데, 한번 날아보니까 자신감이 생겨요."

"그래. 아무리 겁나는 일도 행동에 옮겨보면 두려움이 차츰 사라지는 거란다. 계속 그렇게 나는 연습을 해보렴. 두려움 같은 건 다신 일어나지 않을 거야."

그 새끼 솔개는 엄마 말씀대로 해보기로 마음먹었다. 그래서 어느 하루는 가장 가파른 절벽을 향해 날아갔다. 그때 다른 솔개 한 마리를 만났다. 새끼 솔개가 낯선 솔개에게 말을 걸었다.

"넌 어디로 날아가니?"

"응, 가파른 절벽 위로 가서 바람 타는 연습을 하려고."

"나도 거기 가는 길이야. 난 처음인데, 너는?"

"난 이제 두 번째야. 지난번엔 맞바람 한번 잘못 탔다가 휘말려서 절벽에 곤두박질칠 뻔했어. 머리에 약간 상처가 났는데 거의 죽는 줄 알았어."

"그랬구나. 어때, 겁 안나? 두 번째 하는데도 가슴이 두근거려?"

"사실은 처음보다 더 겁나. 오늘은 엄마가 열 번만 연습하고 오랬어. 걱정이 이만저만이 아냐. 오늘은 죽기를 각오하고 한번 해볼 거야! 아무리 바람이 세도 두 날개에 강하게 힘을 주고 눈을 부릅뜨고 해볼 테야!"

새끼 솔개는 우연히 만난 그 솔개가 참 멋져 보였다.

'무언가 해보겠다는 꿈을 갖는다는 것은 참 멋진 일이구나.'

새끼 솔개는 어쩐지 가슴이 설레는 것 같았다.

어느덧 새끼 솔개는 다 자라 어른 솔개가 되었다. 이제 엄마 솔개는 곁에 없지만, 엄마가 해주었던 이야기들은 여전히 귓가를 맴돌았다.

"언제나 창공 높이 날아라. 그리고 멀리 바라보아라. 그래야 먹잇감이 잘 보이는 법이다. 높이 날수록 더 멀리 보이고 꿈을 더 크게 펼칠 수 있단다!"

솔개는 엄마의 가르침대로 크게 꿈을 펼치고 싶었다. 그러나 솔개가 처한 현실은 그렇지 못했다. 엄마랑 살던 숲이 사라지고 그 자리에 사람들이 사는 아파트 단지가 들어선 이후로 사냥감을 구하는 일이 하늘의 별따기처럼 힘들어졌다. 다른 솔개들은 이미 먹이를 찾아 강 하구 근처 바닷가로 날아간 지 오래였지만, 솔개는 엄마와의 추억이 깃들어 있는 고향 하늘을 쉽게 떠날 수가 없었다.

"이제는 더 이상 우리 고향이 아니야. 사람들이 사는 저 아파트를 봐. 저기에 우리가 좋아하는 토끼가 살고 있을 것 같아? 들쥐는 또 어떻고? 그리고 저기 저 공장에서 품어내는 검은 연기를 봐. 비행 솜씨를 뽐내려고 괜히 거기까지 날아갔다가는 연기에 질식해 죽어버릴지도 몰라. 너도 이제 그만 나와 함께 이곳을 떠나자. 다른 친구들이 그러는데, 바닷가에 가면 먹을 것이 많대. 토끼나 들쥐보다는 못하지만 물고기도 먹을 만하대."

솔개는 친구 솔개의 말에 고개를 끄덕였다. 그의 말이 모두 옳았다.

'그래, 이제 더 이상 여기서는 내 꿈을 펼칠 수가 없어. 더 멀리 더 높이 날아가자.'

솔개는 고향 하늘을 떠나 몇날 며칠을 날아서 먼 바닷가에 도착했다. 하지만 그곳도 그리 살기 좋은 곳은 아니었다.

바다에 물고기는 많았지만, 이미 갈매기들이 바다의 주인인 양 행세하고 있었다. 갈매기들이 어찌나 텃세를 부리는지 마음놓고 사냥조차 할 수가 없었다. 솔개는 바닷가로 이사 온 지 벌써 며칠이 지났지만 아직 사냥에 한 번도 성공하지 못했다.

'아, 배고파. 이러다 굶어죽고 말겠어.'

그때, 솔개의 눈에 갯벌에 떨어진 죽은 물고기들이 눈에 띄었다. 실컷 포식하고 난 갈매기들이 버리고 간 게 분명했다.

'저거라도 먹어야겠다.'

솔개는 웬만해선 죽은 고기를 먹지 않지만, 지금은 이것저것 따질 때가 아니었다. 솔개는 곧바로 죽은 물고기들을 향해 날아갔다. 그러나 이미 거기에는 까마귀 떼들이 몰려와 있었다. 평소 같으면 까마귀 정도는 솔개의 상대가 되지 않았지만, 며칠째 먹이를 먹지 못해 기력이 떨어진데다 까마귀들도 먹이를 빼앗기지 않으려고 여러 마리가 한꺼번에 공격해 오는 바람에 도저히 당해 낼 수가 없었다. 결국 죽은 고기 한 점 입에 대보지 못하고 솔개는 쫓겨나고 말았다.

바닷가 숲으로 도망쳐 온 솔개는 까마귀에게 빼앗긴 먹이를 생각하다가 문득 어린 시절 엄마가 들려준 까마귀에 관한 옛날이야기가 떠올랐다.

"옛날에 까마귀 한 마리가 있었단다. 그런데 어느 날 이 까마귀는 솔개가 절벽의 높다란 바위에서 멋진 자세로 날아 내려와 새끼 양 한 마리를 잽싸게 채 가는 것을 보게 되었어. 까마귀는 그 광경을 보고 몹시 부러워했지. 자기도 그렇게 양을 낚아챌 수만 있다면 매일 썩은 음식을 먹을 필요가 없어 참 좋을 거라고 생각했어. 그 후로 까마귀는 솔개의 멋진 사냥 모습을 늘 마음에 새기며 양을 낚아채는 연습을 했단다. 언젠가 자기도 솔개처럼 멋지게 새끼 양을 사냥하려고 마음먹은 거야. 그런 어느 날 충분히 연습을 마쳤다고 여긴 까마귀는 산 위에서 홀연히 날아 내려와 맹렬한 기세로 숫양 등에 올라탔단다. 그리고는 숫양을 잡아채 가려고 애를 썼지만 도리어 발톱이 고불고불한 양털에 말려 도무지 빠지지 않았어. 까마귀는 온 힘을 다해 쉼 없이 날갯짓을 했지만 도저히 날아오를 수가 없었지. 양 주인이 이걸 보고 달려와 까마귀를 묶은 뒤 도망가지 못하도록 잡아서 묶은 다음, 가위로 날개의 깃털을 잘라버렸어. 저녁이 되자 양 주인은 날개 잃은 까마귀를 집으로 가져가 아이들에게 주었지. 아이들이 그게 무슨 새냐고 묻자, 양 주인은 '분수를 모르고 황당하게도 솔개 노릇을 하려던 까마귀' 라고 일러주었단다.”

엄마가 새끼 솔개에게 들려준 이야기는 언제나 재미있었다. 돌이켜 생각해 보니 엄마가 그런 이야기를 들려준 것은 재미만을 위한 것이 아니었다. 그 속에는 살아가면서 꼭 필요한 삶의 지혜가 담겨 있었다.

'그래, 엄마는 분수를 모르고 황당하게 솔개 노릇을 하려는 까마귀 이야기를 들려주셨지. 그건 까마귀는 까마귀답고, 솔개는 솔개다워야 한다는 걸 가르쳐 주시려 했던 거야. 아, 한데 지금 난 무얼 하고 있었던 거지? 난 하늘을 무대로 누비고 사는 솔개야. 그런데 저 하늘 아래 땅위에서 까마귀들 틈에 끼어 썩은 고기나 훔쳐 먹으려고 했어. 아무리 배가 고파도 그건 솔개답지 못한 창피스런 짓이야!'

솔개는 당당하게 날아서 먹이사냥을 하던 본래 모습을 잊고 구차하게 남이 먹다 버린 거나 구걸하러 다니는 자신이 몹시 부끄러웠다. 지금 솔개에게 필요한 것은 바로 자신감이었다.

솔개는 이른 새벽부터 물고기 사냥 연습을 시작했다. 날이 밝아 갈매기 떼가 몰려오기 전에 충분히 연습을 끝내야 했다. 물 위에서의 사냥이 익숙지 않아 몇 번이나 허탕을 쳤지만 자꾸 연습하다 보니 점점 자신감이 붙었다. 마침내 첫 물고기 사냥에 성공했다. 크고 싱싱한 놈이었다. 솔개는 처음으로 날개를 펴고 비행에 성공했던 때만큼이나 기뻤다. 모처럼 기분 좋은 식사를 했다.

자신감을 회복하고 하늘을 무대로 비행하는 솔개에게 더 이상 갈매기들도 위협이 되지 못했다. 솔개가 사냥할 때면 갈매기 무리도 슬그머니 자리를 내어주고 다른 곳으로 옮겨갔다. 솔개는 이제 바다에서도 거침없이 사냥을 했다. 게다가 바다 저편의 섬마을에 가면 토끼와 들쥐 등 솔개가 좋아하는 먹잇감들이 널려 있다는 사실도 알게 되었다. 솔개는 기분이 내키면 언제든지 그곳으로 날아가 마음껏 사냥을 즐길 수 있었다. 한번 자신감을 회복하고 나니 그 자신감은 솔개에게 더 큰 가능성을 열어주었던 것이다.

'내가 만약 그때 두려움을 극복하지 못했다면 어떻게 됐을까? 날마다 갈매기들 눈치나 보고 갈매기들이 먹다 버린 썩은 고기나 주워 먹으려고 보잘것없는 까마귀들과 아귀다툼을 벌이는 비참한 생활을 해야 했을 거야. 하지만 지금의 난 달라. 자신감을 얻고 나니 어디든

날아가 마음껏 사냥할 수 있게 되었어. 아, 이 얼마나 멋진 일인가!'

어느 날 문득 솔개는 자신의 삶의 목적이 무엇인가 하고 생각하게 되었다. 단지 먹이만을 위해 살아가는 거라면, 이제 경험이 쌓여 마음만 먹으면 언제라도 싱싱한 먹이를 구할 수 있었다. 그러나 그것만으로는 무언가 부족한 느낌이 들었다. 그날부터 솔개는 전과 다른 새로운 시도를 하게 되었다. 그것은 솔개들이 가장 부러워하는 '최단강하곡선 비행기법'을 체득하는 일이었다. 지상의 사냥 목표물을 향해 가장 빠른 시간 안에 곡선을 그리며 날아가 순식간에 먹잇감을 낚아채는 고도의 비행기술을 가진다는 것은 솔개 가문의 영광이자 자랑이었다.

솔개는 어렸을 때 엄마에게서 최단강하곡선 비행기법이 있다는 이야기는 들었지만 실제로 보거나 시도해 본 적은 없었다. 그 기법을 자신에게 가르쳐 주는 동료도 없었다.

솔개에게 문득 이런 생각이 스쳐 지나갔다.

'아, 나도 공중비행 경력이 10년이 넘었는데, 지상의 목표물을 보아도 아직 최단강하를 못하니…. 이제 10년 계획을 세워 우리 가문의 조상들이 이루지 못한 큰 기술을 개발해야겠다. 그래서 후세들에게

최단강하곡선 비행기법을 전수해 줄 테다. 남은 삶을 모두 거기에 바칠 거야!'

새로운 삶의 목표가 생긴 솔개는 그날부터 설레는 마음으로 맹연습에 들어갔다. 이제 먹잇감을 구하는 게 문제가 아니었다.

몇 달 후, 솔개는 친구 솔개와 함께 바다 건너 섬마을로 사냥을 나갔다. 두 솔개는 하늘 높이 날아올랐다.

"오랜만이구나, 친구야. 우리 오랜만에 만났으니 내기 한번 할까?"

솔개가 친구 솔개에게 제안했다.

"무슨 내기?"

"공중에서 동시에 목표물을 보고, 누가 먼저 그걸 잡아채느냐로 승부하기로 하자."

"그래, 좋아!"

목표물을 찾아 한동안 비행하다가 솔개가 친구 솔개에게 물었다.

"넌 무엇을 가장 하고 싶니?"

"그야 먹잇감을 잡는 거지."

"그건 나도 그래. 하지만 난 그냥 먹잇감을 잡는 것보다 지상에 목표물이 나타났을 때 고도의 비행기술로 가장 빠르고 가장 정확하게 목표물을 낚아채는 것이 좋아. 그래서 매일 매일 비행기술을 연마하고 있어."

"뭐라고, 비행기술? 솔
개라면 다 날 수 있는데, 그딴 걸 왜
연습해? 난 그냥 크고 맛있는 먹잇감 외엔
별 관심이 없어."

"그렇구나. 하지만 난 누가 뭐래도 지금보다
훨씬 더 뛰어난 비행기술을 개발하는 데 남은 삶
을 바칠 거야. 이름도 지어놨어. '최단강하곡선법'
이라고 해. 난 이 일이 너무 재미있어. 요즘은 늘 그 생각만 해."

그때, 지상에 토끼 두 마리가 나타났다.

"자! 출발!"

"알았어!"

솔개는 땅 위에 가까이 도달하자 그 동안 익힌 최단강하곡선 기법
으로 날며 토끼에게 접근했다. 화들짝 놀라 도망치는 토끼의 행로를
미리 예상했던 터라, 솔개는 정확히 목표물을 낚아채 다시 하늘로
솟구쳐 오를 수 있었다. 친구 솔개도 그를 따라서 동시에 급강하했
으나 방향을 선회하는 기술이 약해서 시간을 끄는 바람에 그만 토끼
를 놓쳐버리고 말았다.

두 솔개는 하늘에서 다시 만났다. 친구 솔개가 눈을 빛내며 물었다.

"아까 네 비행기술 말이야. 빠르게 곡선을 그리며 날던데, 그게 네가 말한 최단강하곡선법이니?"

"응, 맞아. 그 동안 열심히 연습해서 터득한 거야."

"정말 감탄했어. 난 토끼를 잡기는커녕 하마터면 맨땅에 곤두박질 칠 뻔했어. 오늘 네 비행기술을 보고 느낀 점이 많아. 지금까지는 단지 먹잇감을 사냥하는 것으로만 만족하고 살았어. 비행기술은 개발하지 않고 말이야. 너처럼 비행기술을 개발하면 먹이는 쉽게 생기는 법인데. 나도 오늘부터 네가 터득한 비행기술을 배울 거야. 그 기술을 좀 가르쳐 줘. 네 제자가 될게, 응?"

"그래, 좋아!"

솔개는 흔쾌히 친구 솔개에게 그 동안 터득한 비행기술을 전수해 주었다.

그날 이후로 솔개는 널리 이름을 떨쳐서 유명해졌다. 이웃 숲의 솔개들은 물론이고 소문을 듣고 멀리 다른 나라의 솔개들까지 최단강하곡선 비행기법을 배우러 찾아왔다. 많은 솔개들 앞에서 비행시범을 보이면 여기저기서 탄성이 터져 나왔다.

"우와, 대단하다! 최고야, 최고!"

드디어 솔개는 최단강하곡선 비행기술에 있어서는 그 누구도 따라올 수 없을 만큼 놀라운 경지에 올라섰다. 한 분야에서 최고가 된 것이다.

세월이 흘러, 솔개는 어느덧 중년의 나이를 먹은 고참 솔개가 되었다. 그 동안 그가 이룩한 업적들은 솔개사회의 전설이 되었다.

솔개는 자신이 개발한 완벽한 비행기술을 수많은 동료와 후세들에게 전수했다. 어느 비 오는 날엔 제주 한라산 꼭대기를 다섯 차례나 비행하기도 했다. 다른 솔개들은 일생에 한 번 하기도 힘든 어려운 비행이었다.

더욱 놀라운 것은, 보통 다른 솔개들은 나이가 들면 날개도 두툼해지고 발톱도 무뎌져서 사냥 솜씨가 예전만 못하게 되는데, 고참 솔개는 젊은 날의 명성 그대로라는 점이었다.

솔개들은 그 비밀을 알고 싶어했다. 한데 비밀은 의외로 간단히 풀렸다. 어느 날 궁금함을 참지 못한 신출내기 젊은 솔개가 과감하게 고참 솔개를 찾아가 물어보았기 때문이다. 고참 솔개는 언제나 그랬던 것처럼 한 치의 숨김도 없이 자신의 지혜를 젊은 솔개에게 들려주었다.

젊은 솔개가 고참 솔개를 찾아갔을 때, 마침 그는 날개를 손질하고 있었다.

"고참 솔개님, 지금 무얼 하고 계십니까?"

"날개를 손질하고 있지."

"우와, 정말 멋지네요. 한데 그냥 두시지 왜 뽑으세요? 저도 그렇게 두툼한 털을 달면 소원이 없겠어요."

"너도 세월이 가면 이리 될 게야. 그러나 부러워할 거 없어."

"왜요?"

"날개에 낡은 깃이 많으면 공기 저항도 커지고 양쪽 날개를 움직이는 데 힘이 많이 들어. 공중에서 먹잇감을 보자마자 급강하해서 낚아채야 하는데, 날개깃이 두껍고 길면 속도를 낼 수가 없어. 그래서 지금 낡은 깃털을 솎아내고 있는 거야."

"몰랐어요. 저는 한 번도 그런 일이 없었거든요."

"항상 날개 상태를 살펴보고 업그레이드해 주어야 해. 그래야 잘 날 수 있어. 나는 언제나 비행 전에 두툼한 날개를 재정비하고 부리와 발톱도 날카롭게 만들어. 지난번에는 날개 정비 없이 나갔다가 공기 저항이 너무 세어서 힘들었거든. 아무리 실력이 뛰어나도 스스로 업그레이드하지 않으면 결국 도태되고 마는 거야."

“항상 업그레이드하라. 그게 바로 비결이었군요.”

“그래, 맞아.”

솔개는 신출내기 솔개에게 여유로운 미소를 지어보였다. 그것은 자신만의 꿈을 갖고, 그 꿈을 이루기 위해 열심히 노력하여 마침내 성취한 자의 모습이었다. 신참 솔개는 그런 고참 솔개를 너무나 닮고 싶었다.

“이봐, 젊은 친구. 꿈을 가져봐. 그 꿈이 자네를 성공으로 이끌어 줄 거야.”

젊은 솔개는 고개를 끄덕였다.

“자, 이제 날개 정비가 끝났으니 상태가 어떤지 알아볼까? 이봐, 젊은 친구. 나하고 저기 섬까지 비행 시합을 하지 않겠나?”

“네, 좋아요!”

고참 솔개가 힘차게 날아올랐다. 이어서 신참 솔개도 뒤를 따랐다. 푸른 하늘 위로 높이 비상하는 두 마리 솔개의 날갯짓이 눈부시게 아름다웠다.

솔개로부터 배우는
인생 성공 비밀

1. 당신의 꿈을 개발하라

성공하기를 원한다면 먼저 당신이 성공을 향해서 걸어가라. 결코 성공이 먼저 당신에게 걸어오지는 않을 것이다.

나는 누구인가?

인생의 발전은 이 질문으로부터 시작된다. 내 자신이 누구인가를 알 수 있다면, '솔개 이야기' 속의 고참 솔개처럼 멋지게 하늘을 나는 인생을 살 수 있다. 내가 누구인가를 알려면, 내 안의 꿈을 찾아라. 아무리 까마귀가 연습을 하고, 부리를 갈고 닦고, 먹잇감을 채어 나르는 솔개의 모습을 흉내내도 까마귀는 까마귀일 뿐이다. 당신

안에 잠자고 있는 솔개를 깨워라. 그러면 당신이 누구인가를 알 것이다.

나는 누구인가? 나는 할 수 있는 사람이다!

나는 누구인가? 나는 나 자신을 믿는 사람이다!

나는 누구인가? 나는 나다! 당신은 정체성 있는 사람이다!

나는 무엇을 원하는가?

비행기술을 개발하면 먹잇감은 자연적으로 따라오게 된다. 친구 솔개는 무엇을 원했는가? 먹잇감 자체를 원했다. 더 진보된 비행기술을 개발해야 미래가 있다! 당신은 진정 무엇을 하기를 원하는가? 먹잇감 자체인가? 고도의 비행기술인가?

솔개는 목표물을 추적할 때 몇 가지 원칙을 갖고 있다.

1단계 하나의 목표물을 구체적으로 분명하게 정한다 : 목표설정 능력을 키워라.

2단계 저공비행하면서 목표물을 분석한다 : 사물분석 능력을 키워라.

3단계 나의 목표물을 취해서 비행할 수 있는지를 평가한다 : 판단 능력을 키워라.

4단계 목표물을 어디로 갖고 갈 것인지를 평가한다 : 기획 능력을 키워라.

5단계 목표물을 어떻게 처리할 것인지를 판단한다 : 문제해결 능력을 키워라.

6단계 성공적으로 목표물을 취했는지 평가한다 : 평가 능력을 키워라.

‘솔개의 삶의 원칙’ 을 당신의 인생에 적용해 보라. 우리가 무슨 일을 할 때에도 6단계로 나누어서 당신의 삶에 적용해 보라. ‘목표설정 능력, 사물분석 능력, 판단 능력, 기획 능력, 문제해결 능력, 평가 능력’ —지금 우리에게는 이런 능력이 필요하다.

내가 진정 원하는 것을 어떻게 찾을 것인가?

미국의 러셀 H. 콘웰Russell H. Conwell의 ‘다이아몬드의 토지Acres of Diamonds’ 강연은 유명하다. 요지는 이렇다. 옛날 인도에 알리 하웨드란 부유한 사람이 다이아몬드 토지를 찾아내리라 결심하고 재산을 몽땅 팔아서 탐험길에 나선다. 하지만 그는 결국 그런 땅을 찾지 못하고 죽고 말았다. 그런데 먼 훗날 그가 팔아버린 토지에서 세계 제일의 다이아몬드 관이 발견되었다는 이야기다.

꿈 하면 우리는 종종 멀리서 찾는다. 그러나 꿈은 내 안에서 시작되는 것이다. 아주 가까이에 있다. 당신의 손 안에서 미래의 꿈을 찾아라.

나는 무엇을 더 배워야 하는가?

내가 정말 배우기를 원한다면 내 자신이 바로 가장 위대한 선생인

것이다. 우리는 사람이나 책으로부터 뭔가 배운다. 책으로부터 우리
는 무엇을 배우는가? 그것은 '질문'이다. 책을 통해서 우리가 얻는
것은 '질문'이다.

'이제 나는 어떻게 해야 하는가?

'나는 이제 무엇을 해야 하는가?

'이제 나는 무엇을 더 배워야 하는가?

책을 보고 이런 질문을 스스로 던질 때 삶의 발전이 있는 것이다.

새끼 솔개는 비행기술을 누구로부터 배우는가? 엄마 솔개? 아니
다. 새끼 솔개가 비행기술을 배우는 힘은 바로 그 자신이다.

'어떻게 하면 비행기술을 터득할 수 있을까?'

'어떻게 하면 엄마처럼 저렇게 창공을 잘 날 수 있을까?'

배움은 이러한 질문에서 출발하는 것이다. 내 안에서 배움은 시작
되는 것이다.

위대한 뱃사공은 사람이 만드는 것이 아니다. 거친 폭풍이 노련한
사공이 되도록 만드는 것이다.

나는 누구를 위해 살아야 하는가?

솔개는 왜 사는가? 아마도 이런 생각을 했을지 모른다.

'후세들에게 최고 수준의 비행기술을 전수하기 위해서!'

솔개가 이러한 삶의 목적을 갖고 있다면 그는 결코 비행연습을 게을리 하지 않을 것이다. 더 좋은 비행기술을 개발하여 후세들에게 물려줄 것이다. 당신은 누구를 위해서 사는가? 그리고 무엇을 위해 일평생을 살 것인가?

지구촌에 글로 쓴 꿈과 목표를 가지고 살아가는 사람은 3%도 채 되지 않는다. 이제 당신이 꿈을 찾았다면 그것을 글로 써서 벽에 붙여놓고 매일 바라보라, 그리고 선언하라. 언젠가 그것이 현실이 되어 나타날 것이다.

2. 당신의 자신감을 키워라

무슨 일을 할 때 가장 큰 장애물은 바로 두려움fear이다. 두려움은 인생의 자신감을 모두 앗아간다. 솔개의 삶의 무대는 하늘이다. 지상에 솔개의 둥지가 어디인지는 중요하지 않다. 실력 있는 사람은 어디서 일하든 자신의 능력을 발휘할 수 있기 때문이다.

자신감을 키우기 위해서는 먼저 뚜렷한 삶의 목적을 찾고 새로운 경험을 쌓아라. 솔개는 비행기술을 익히기 위해서든지, 먹잇감을 찾기 위한 두 가지 목적을 가지고 하늘을 날 것이다. 내 안에 삶의 목적이 뚜렷할 때 삶을 구체적으로 그릴 수가 있다. 돛단배가 돛을 어느 방향으로 세우느냐에 따라 방향을 전환하듯이 말이다.

그리고 난 후 실패를 두려워하지 말고 새로운 경험을 쌓아라. 어느 날 솔개가 새끼돼지 한 마리를 잡아채어 공중을 날다가 발톱의 힘이 약해 떨어뜨리고 말았다. 토끼만 사냥하다가 처음으로 돼지를 낚아채어 비행하는 것은 쉬운 일이 아니었다. 솔개는 이 실패를 통해 무엇을 생각할 수 있었을까?

- 분석 능력 부족이다. 돼지는 공중에서 볼 때보다 몸집이 30%나 더 컸다.
- 기술과 경험 부족이다. 새끼 돼지의 가죽이 미끄러워 발톱으로 강하게 움켜잡기 힘들었다.
- 비행 능력 부족이다. 예상보다 몸집이 큰 목표물에 비례하여 공기 저항력이 늘어나 힘이 두 배로 더 들었다.

삶의 목표를 정했다면 실패를 두려워하지 말고 새로운 경험을 쌓아라. 자신감은 저절로 생겨날 것이다.

3. 자신의 강점을 개발하라

솔개의 강점은 무엇인가? 우선 강한 바람을 이용해 공기의 흐름을 탈 수 있는 비행 능력이다. 하늘 높이 날다가 토끼나 닭, 들쥐 같은 사냥감이 눈에 보이면 잽싸게 지상으로 강하하여 낚아채는 기술을 가지고 있다는 점이다. 솔개의 장점 중에 최고의 기술은 '최단강하곡선 비행기법'일 것이다.

솔개는 목표물을 발견하면 지상 가까이 내려오다가 곡선비행cycloid을 한다. '최단강하곡선'을 그리는 것이다. 본능적으로 최적의 곡선을 선택한다. 솔개는 지상의 표적을 잡을 때 직선으로 곧장 날아 내려와 공격하지 않는다. 지상에 가까운 적절한 거리까지 내려오다가 목표물에 다가갈 때는 최단강하곡선을 그리면서 소리 없이 순식간에 표적에 도달하는 것이다. 솔개는 가장 빠른 시간에 사냥감에 접근하는 방법을 알고 있다.

당신 앞에 지금 반드시 해야 할 일이 하나 있다고 가정해 보라. 어떻게 하면 가장 빠르게, 그리고 성공적으로 성취할 수 있겠는가? 어떻게 하면 솔개가 활용했던 최단강하곡선 비행기법을 적용할 수 있겠는가?

나는 이 해답을 '솔개의 마음'에서 찾는다. 그것은 먹잇감을 반드시 잡아야 한다는 솔개의 강한 의지와 확고한 결단력이다. 원하는 것을 결정하면 방법은 나오게 되어 있다.

4. 날마다 당신을 업그레이드하라

나의 인생을 어떻게 리모델링할 수 있는가? 솔개처럼 날개를 가볍게 하라. 솔개는 날개가 두툼하면 힘이 더 많이 들고, 양 날개로 힘차게 날 수가 없다.

당신도 솔개처럼 비행 날개를 매일 분석하고 정비하라. 깃털의 부피가 크면 적절하게 줄여라. 할 수만 있다면 비행 저항을 최소화시켜라. 그러면 당신의 일의 속도는 크게 증가할 것이다.

"이제 일어나야 해."

"내 자신을 갱신해야 해."

솔개처럼 갱신하라.

때가 되면 헐어진 부리도, 두꺼워진 날개도 새 것으로 바꾸어

라. 이제까지 보아온 나의 모습은 허상일지 모른다.

당신의 일의 속도를 증가시키기 위해 결정 능력을 키워라. 결재 서류는 아무리 늦어도 특별한 경우를 제외하고는 72시간 이내에 당신 책상에서 하라. 그때까지 결정할 수 없는 것은 더 시간을 지체해도 좋은 결정이 나오기 어렵다.

오늘 당신 몸에 있는 묵은 털은 무엇인가? 먼저 낡은 지식은 버리고 새 지식으로 채워라. 그러면 당신의 일에 대한 추진력이 증가할 것이다. 그리고 일의 우선순위를 세워라. 그러면 일의 추진속도가 더욱 빨라질 것이다.

솔개처럼 발톱을 강화시켜라. 솔개가 사냥감을 보고 기습을 해도 발톱에 힘이 없거나 날카롭지 못하면 낚아채서 들어올릴 수가 없다. 먹이를 잡아서 비행하려면 발톱이 강인해야 한다. 그리고 끝까지 붙들고 놓지 말아야 목적지까지 갈 수 있다.

솔개처럼 부리를 개선시켜라. 솔개가 사냥감을 잡아서 먹으려면 부리가 강해야 한다. 솔개의 최종 목적은 잡아서 허기를 채우는 것이다.

내 분야에서 최고가 되라

솔개는 어떻게 비행기법을 새끼들에게 전수하는가?

첫째, 솔개는 어느 정도 새끼들이 자라면 살던 둥지를 일부러 어지럽혀 놓는다. 그런 다음 어미 솔개는 새끼 솔개들을 데리고 비행 훈련을 위해 공중 비행장으로 이동한다. 백 마디 이론보다 공중에서 한번 날아보아야 비행기술을 익힐 수 있기 때문이다. 살던 집을 엉망으로 만들어놓으면 새끼들은 변화에 적응해 살 수 있는 것이다.

안일한 현재를 떠나라. 새끼 솔개가 보금자리에만 있으면 하늘을 비행할 수 없다. 나의 잠재력을 깨우려면 새로운 세계로 나아가라.

둘째, 솔개는 새끼들을 훈련시키기 위해 공중 높은 곳으로 데려가 낙하시킨다. 공중 낙하를 시켜보고 잘 나는 놈은 계속 더 잘 날수 있도록 기술을 연마하게 하고, 날지 못하고 곤두박질치는 녀석은 다시 업고서 공중 높이 올라가 낙하를 반복하게 한다. 그렇게 거듭되는 낙하 훈련을 통해서 비행을 시작하는 것이다.

당신이 성장하기를 원한다면 과감히 새로운 일에 도전해 보라. 이전에 보지 못한 능력을 볼 수 있을 것이다. 부하직원이 있다면 일을 주고 공중 낙하시켜라. 그리고 기다려라. 날개를 펴지 못하고 낙하하면 그때 비법을 하나씩 가르쳐 주라. 왜 그 일을 해야 하는지만 가르쳐 주라. 비행기술을 하나하나 가르쳐 주지 마라. 대신에 스스로 배우게 하라. 공중을 날아보면 비행 지침서를 스스로 터득하게 될 것이다. 방법How을 알고 있는 사람은 고용인, 이유Why를 알고 있는 사람은 고용주가 될 것이다.

셋째, 날지 못하는 새끼는 다시 기회를 만들어준다. 새끼들이 첫 비행에 실패하면 어미 솔개는 다시 기회를 준다. 무슨 일을 하다가 한 번 실수하면 눈감아 주라.

★ 인생 성공 비밀 ★

1. 당신의 꿈을 개발하라

● Check Point

나는 꿈을 향해 걸어가고 있는가? 꿈은 성공을 향해 걸어가는 나에게 가장 큰 동기를 부여한다. 꿈을 구체화하기 위해 무엇을 더 배워야 하는지, 누구를 위한 꿈인지 매일 점검하라.

2. 당신의 자신감을 키워라

● Check Point

성공을 위해서는 두려움을 극복해야 한다. 경험을 통해 실패, 실수, 위험을 극복하고 자신감을 키우기 위한 자신만의 방법을 터득하라.

3. 자신의 강점을 개발하라

● Check Point

나는 어떤 분야에 강점이 있는가? 나만의 강점을 개발하여 성장하라. 그러기 위해서는 문제해결 능력 향상을 위한 투자가 필요하다.

4. 날마다 당신을 업그레이드하라

● Check Point

내 인생에서 업그레이드가 필요한 부분을 체크하라. 또한 업그레이드를 위해서 벤치마킹 대상을 물색하고 구체적인 계획을 세워 실천하라.

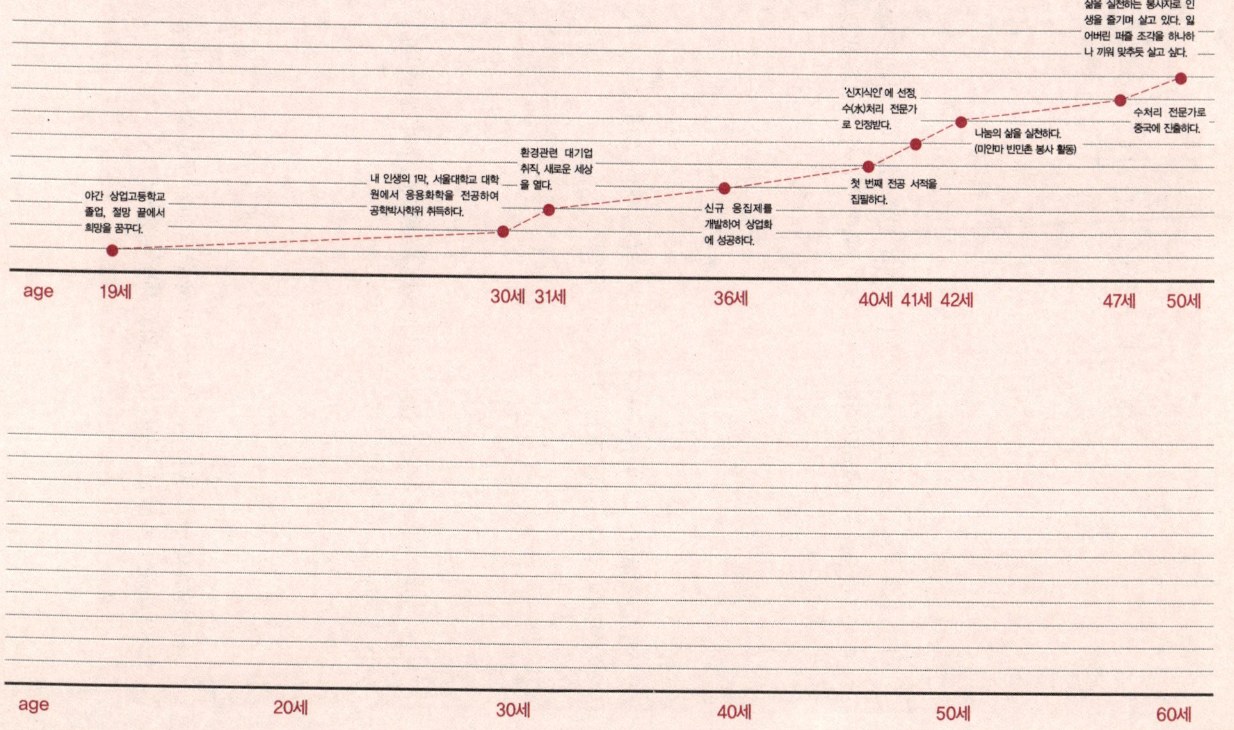
V My Career Graph
인생경영전문가로, 나눔의 삶을 실천하는 봉사자로 인생을 즐기며 살고 있다. 잃어버린 퍼즐 조각을 하나하나 끼워 맞추듯 살고 싶다.
야간 상업고등학교 졸업, 절망 끝에서 희망을 꿈꾸다.
내 인생의 1막, 서울대학교 대학원에서 응용화학을 전공하여 공학박사학위 취득하다.
환경관련 대기업 취직, 새로운 세상을 열다.
신규 응집제를 개발하여 상업화에 성공하다.
첫 번째 전공 서적을 집필하다.
'신지식인'에 선정, 수(水)처리 전문가로 인정받다.
나눔의 삶을 실천하다. (미얀마 빈민촌 봉사 활동)
수처리 전문가로 중국에 진출하다.
age 19세 30세 31세 36세 40세 41세 42세 47세 50세
age 20세 30세 40세 50세 60세